学ぶ人は、変えてゆく人だ。

目の前にある問題はもちろん、

人生の問いや、

社会の課題を自ら見つけ、

挑み続けるために、人は学ぶ。

「学び」で、

少しずつ世界は変えてゆける。

いつでも、どこでも、誰でも、

学ぶことができる世の中へ。

旺文社

DAILY **15** 日間

英検®3級
集中ゼミ

[7訂版]

※本書の内容は，2024年4月時点の情報に基づいています。実際の試験とは異なる場合があります。受験の際は，英検ウェブサイト等で最新情報をご確認ください。
※本書は，『DAILY2週間 英検3級 集中ゼミ［6訂版］』の収録問題を，2024年度の問題一部リニューアルの試験形式に合わせて，問題追加・再編集したものです。

旺文社

は　じ　め　に

英検の試験まで，あと何日ですか？
試験突破のためには，試験本番までの学習計画をしっかり立てることが大事です。

　本書は，15日間で英検3級の一次試験突破を目指す問題集です。1日に取り組む範囲がきっちり決まっているので，学習計画が立てやすくなっています。最後の模擬テストをのぞき，1日に必要な時間は30分程度。毎日の生活の中で，無理なく英検対策ができます。

　みなさんが，この本を手に取った今日が「集中ゼミ」のスタートです。これから始まる15日間の学習のイメージができあがったら，早速，1日目の学習に取り組みましょう！

　最後に，本書を刊行するにあたり，多大なご尽力をいただきました入江泉先生に深く感謝の意を表します。

旺　文　社

執　　　筆：入江 泉
編 集 協 力：山下 鉄也（木静舎），本多 美佐保，Jason A. Chau，株式会社友人社
装丁デザイン：内津 剛（及川真咲デザイン事務所）
本文デザイン：株式会社 ME TIME（大貫としみ）
イ ラ ス ト：朝日メディアインターナショナル株式会社，
　　　　　　　有限会社アート・ワーク，瀬々倉 匠美子，峰村 友美
組　　　版：朝日メディアインターナショナル株式会社
録　　　音：ユニバ合同会社
ナレーション：Jack Merluzzi，Julia Yermakov，大武 芙由美

もくじ

筆記編

リスニング編

本書の構成と利用法

本書は，英検3級の一次試験に合格するために必要な力を15日間で身につけられるように構成されています。

＼ 赤セルシート・下敷き「合格応援シート」つき ／

● 暗記に使える赤セルシートがついています。ポイントとなる重要事項を覚えたり，解説中の訳や解答を隠して学習したりする際にお使いください。

● さまざまな方法で活用できる下敷きがついています。切り離してお使いください。

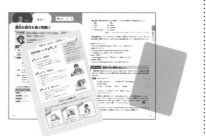

1日目 〜 12日目 筆記編 ／ 13日目 〜 15日目 リスニング編

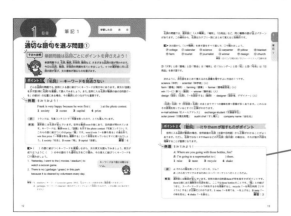

1日の学習は，問題形式ごとに解き方のポイントを解説するページと，そこで学んだことを実践する練習問題のページで構成されています。

例題

実際の試験と同じ形式の問題を使ってポイントを解説します。

練習問題のページは，問題のすぐ後に解答・解説を掲載しています。間違えた問題のチェックボックス□にマークをして，きちんと復習しましょう。

ヒント

問題が難しいときは，赤セルシートで隠せる下のヒントを参考にしましょう。

実力完成模擬テスト

筆記編・リスニング編の後に総まとめの模擬テストがあり，本番の一次試験と同じ所要時間（筆記65分・リスニング約25分）です。時間を計って解いてみましょう。

＼ 公式アプリ「学びの友」対応 ／

カンタンに自動採点ができ，自分の学習履歴を残すことができます。
詳しくは7ページをご覧ください。

二次試験・面接

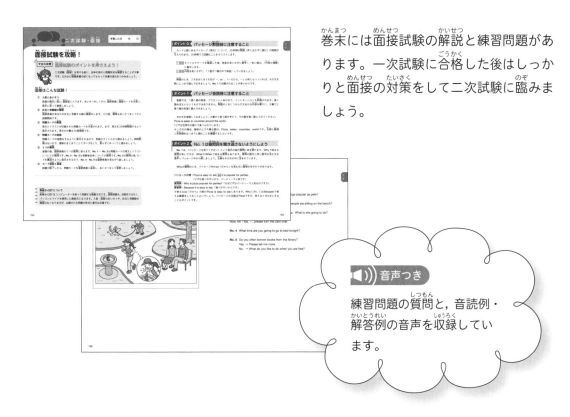

巻末には面接試験の解説と練習問題があります。一次試験に合格した後はしっかりと面接の対策をして二次試験に臨みましょう。

🔊 音声つき

練習問題の質問と，音読例・解答例の音声を収録しています。

※本書に掲載されている英文の内容は，最新の情報でないものや架空のものを含む場合があります。ご了承ください。

付属サービスについて

リスニング・面接の音声を聞く

●収録内容

付属音声に対応した箇所は，本書では のように示してあります。

13日目	リスニング第1部	例題・アクティビティー・練習問題
14日目	リスニング第2部	例題・アクティビティー・練習問題
15日目	リスニング第3部	例題・アクティビティー・練習問題
実力完成模擬テスト	リスニング第1部～第3部	
二次試験・面接	練習問題	

公式アプリ「英語の友」（iOS/Android）で聞く

❶ 「英語の友」公式サイトより，アプリをインストール

https://eigonotomo.com/ 　　🔍 英語の友 [検索]

▶右の2次元コードからもアクセスできます。

❷ アプリ内のライブラリより本書を選び，「追加」ボタンをタップ

▶本アプリの機能の一部は有料ですが，本書の音声は無料でお聞きいただけます。
▶詳しいご利用方法は「英語の友」公式サイト，あるいはアプリ内ヘルプをご参照ください。
▶本サービスは予告なく終了することがあります。

パソコンに音声データ（MP3）をダウンロードして聞く

❶ 次のURLにアクセス

https://eiken.obunsha.co.jp/3q/

❷ 本書を選択し，利用コードを入力してWeb特典サイトへ
利用コード： **baudna** （全て半角アルファベット小文字）

❸ 「音声データダウンロード」からファイルをダウンロードし，展開してからオーディオプレーヤーで再生

音声ファイルはzip形式にまとめられた形でダウンロードされます。展開後，デジタルオーディオプレーヤーなどで再生してください。

▶ 音声の再生にはMP3を再生できる機器などが必要です。

▶ ご利用機器，音声再生ソフト等に関する技術的なご質問は，ハードメーカーまたはソフトメーカーにお願いいたします。

▶ 本サービスは予告なく終了することがあります。

「実力完成模擬テスト」をアプリで学習する

「実力完成模擬テスト」（140ページ）を，公式アプリ「学びの友」でカンタンに自動採点することができます。（ライティングは自己採点です）

- 便利な自動採点機能で学習結果がすぐにわかる
- 学習履歴から間違えた問題を抽出して解き直しができる
- 学習記録カレンダーで自分のがんばりを可視化

❶ 「学びの友」公式サイトより，アプリをインストール

https://manatomo.obunsha.co.jp/　　Q 学びの友　検索　　

▶ 右の2次元コードからもアクセスできます。

❷ アプリを起動後，「旺文社まなびID」に会員登録

▶ 会員登録は無料です。

❸ アプリ内のライブラリより本書を選び，「追加」ボタンをタップ

▶ アプリの動作環境については「学びの友」公式サイトをご参照ください。なお，本アプリは無料でご利用いただけます。

▶ 詳しいご利用方法は「学びの友」公式サイト，あるいはアプリ内ヘルプをご参照ください。

▶ 本サービスは予告なく終了することがあります。

英検３級の問題を知ろう

15日間の学習を始める前に，英検３級一次試験（筆記とリスニング）・二次試験（面接）の問題形式と特徴を把握しておきましょう。３級のレベルの目安は「中学卒業程度」です。下の説明とあわせて，実力完成模擬テスト（140ページ〜）で実際の問題形式を見てみましょう。

 ## 筆 記 (65分)

問 題	形 式	問題数	目標解答時 間
1	**適切な語句を選ぶ問題** 短文または会話文の空所に最もよく当てはまる語句を４つの選択肢から選ぶ問題です。単語・熟語や文法が問われます。	15問	10分

➡ 筆記１の問題を見てみよう 📖 140〜141ページ

問 題	形 式	問題数	目標解答時 間
2	**適切な会話表現を選ぶ問題** 会話文の空所に最もふさわしい語句や文を４つの選択肢から選ぶ問題です。質問に対する適切な返答，答えに対する適切な質問，会話の流れに合った表現などが問われます。	5問	5分

➡ 筆記２の問題を見てみよう 📖 142ページ

問 題	形 式	問題数	目標解答時 間
3	**読解問題** ［A］は掲示文，［B］はＥメールまたは手紙文，［C］は説明文が出題されます。英文の内容に関する質問に対して最もよく当てはまるもの，または途中で切れている文の続きを完成させるものを４つの選択肢から選ぶ問題です。	10問	20分

➡ 筆記３の問題を見てみよう 📖 143〜147ページ

問 題	形 式	問題数	目標解答時 間
4	**Ｅメール問題** 友達からのＥメールを読み，友達の２つの質問に対応した返信メールを15語〜25語の英文で書く問題です。返信メールとしての内容に加え，語彙や文法が評価されます。	1問	15分

➡ 筆記４の問題を見てみよう 📖 148ページ

問 題	形 式	問題数	目標解答時 間
5	**英作文問題** 与えられたQUESTIONに対して，自分の考えと２つの理由を25語〜35語の英文で書く問題です。内容が質問に対応しているかどうかに加え，英文の構成，語彙，文法が評価されます。	1問	15分

➡ 筆記５の問題を見てみよう 📖 149ページ

リスニング（約25分）

問 題	形 式	問題数	放送回数
第1部	**会話に対する応答を選ぶ問題** イラストを見ながら会話を聞き，最後の発言に対する応答として最もふさわしいものを放送される3つの選択肢から選ぶ問題です。会話は友達同士，家族，先生と生徒，店員と客などによるものが主に出題されます。	10問	1回

➡ リスニング第1部の問題を見てみよう 📖 150～151ページ

問 題	形 式	問題数	放送回数
第2部	**会話の内容を聞き取る問題** 会話を聞き，内容に関する質問の答えを，問題冊子に印刷された4つの選択肢から選ぶ問題です。質問では，話している人の行動や問題点などが問われます。	10問	2回

➡ リスニング第2部の問題を見てみよう 📖 152～153ページ

問 題	形 式	問題数	放送回数
第3部	**文の内容を聞き取る問題** 短い英文を聞き，その内容に関する質問の答えを，問題冊子に印刷された4つの選択肢から選ぶ問題です。人物に関する内容が多いですが，公共施設などのアナウンスや校内放送なども出題されます。	10問	2回

➡ リスニング第3部の問題を見てみよう 📖 154～155ページ

一次試験に合格したら

 ## 面 接（約5分）

問 題	形 式
音 読	問題カードの英文を音読する。
No. 1	問題カードの英文の内容に関する質問に答える。
No. 2	問題カードのイラストに描かれた人物の動作,物［人］の数や場所などについて答える。
No. 3	問題カードのイラストに描かれた人物の動作,物［人］の数や場所などについて答える。
No. 4	受験者自身に関する質問に答える。
No. 5	受験者自身に関する質問に答える。

➡ 二次試験・面接の流れとポイントは 📖 184～187ページ

英検について

英検®は，公益財団法人 日本英語検定協会が実施する国内最大規模の英語検定試験です。

英検（従来型）申し込み方法

個人受験の申し込み方法は次の3種類から選ぶことができます。

インターネット申し込み	英検ウェブサイトから直接申し込む。検定料は，クレジットカード，コンビニ，郵便局ATMのいずれかで支払う。
コンビニ申し込み	コンビニの情報端末機で必要な情報を入力し，「申込券」が出力されたら検定料をレジで支払う。
特約書店申し込み	全国の英検特約書店で願書を入手し，書店で検定料を支払う。「書店払込証書」と「願書」を英検協会へ郵送。

▶各申し込み方法の詳細については，英検ウェブサイトをご確認ください。また，申し込み方法は変更になる場合があります。
▶個人受験とは異なり，学校や塾などで申し込みをする「団体受験」もあります。詳しくは学校の先生・担当の方にお尋ねください。

英検 S-CBT

英検 S-CBT はコンピューターを使って受験する実施方式で，試験日程や申し込み方法などが従来型と異なります。詳しくは英検ウェブサイトをご確認ください。
※英検 S-CBT の問題形式や難易度，級認定は従来型と同じです。

お問い合わせ先

公益財団法人 日本英語検定協会
英検ウェブサイト **www.eiken.or.jp**

英検サービスセンター　03-3266-8311　※平日9：30～17：00（土・日・祝日を除く）

※本書に掲載されている情報は 2024 年 4 月現在のものです。試験に関する情報は変更になる場合がありますので，受験の際は必ず英検ウェブサイトで最新の情報をご確認ください。

筆記編

1日目 ▶ 12日目

筆記編の12日間では，英検3級筆記試験の問題形式を1つずつ正確に把握しましょう。

1日ずつ確実に進め，自分が苦手なところはどこなのかを見つけましょう。

適切な語句を選ぶ問題①

今日の目標　単語問題は品詞ごとにポイントを押さえよう！

単語問題では，名詞，動詞，形容詞，副詞など，さまざまな品詞の語が問われます。今日は名詞，動詞，形容詞の問題を見ていきましょう。4つの選択肢に同じ品詞の語が並び，文の意味が通るものを選びます。

ポイント1　「名詞」…キーワードを見逃さない

どんな品詞の問題でも，空所に入る語に結びつくキーワードが英文中にあります。英文の「話題」を示す語（特に名詞）を意識して読んでみましょう。また，空所に入る名詞が動詞の後の目的語（「～を」の部分）の位置にある場合，その動詞とのつながりも重要です。

例題 をみてみよう！

Frank is very happy because he won first (　　　　) at the photo contest.
1 society　　**2** ocean　　**3** capital　　**4** prize

訳　フランクは，写真コンテストで一等賞を取ったので，とても喜んでいます。

解説　選択肢には名詞が並んでいます。空所は動詞wonの後にあり，目的語が問われています。キーワードは，動詞wonと，「話題」を示すthe photo contest「写真コンテスト」で，これらの語に結びつくのはprize「賞」です。wonはwin「～を勝ち取る」の過去形で，win first prize「一等賞を取る，優勝する」という表現を知っているとすぐに選べるでしょう。1 society「社会」，2 ocean「海」，3 capital「首都」。　　**解答：4**

✏▶（　　）の語に結びつくキーワードを意識しながら，次の英文を読んでみましょう。英文が成り立つように（　　）の中の語のうち適切な方を○で囲み，その答えに結びつくキーワードを□で囲みましょう。

1. Yesterday, I went to the (movies / stadium) to watch a soccer game.

2. There is no (garbage / grass) in this park because it is cleaned by volunteers every day.

> キーワードは1語とは限らないよ。

解答：1. stadium／キーワード a soccer game （昨日，私はサッカーの試合を見に競技場へ行きました）
2. garbage／キーワード cleaned （毎日ボランティアによって清掃されるので，この公園には**ごみ**がありません）

　名詞の問題では，選択肢に「人や職業」，「場所」，「日用品」など，同じ種類の語が並ぶパターンがあります。この傾向から，名詞はカテゴリー別にまとめて覚えると効果的です。

▶ 次の語から，「人や職業」を表す語をすべて選んで，○で囲みましょう。

⑦ college　　④ calendar　　⑨ science　　① carpenter　　㋔ pillow　　㋕ blanket
㋖ farm　　㋗ tourist　　㋘ journalist　　㋙ winner　　㋚ design　　㋛ church

解答：①大工／㋗観光客／㋘ジャーナリスト／㋙勝利者

⑦「大学」と㋖「農場」と㋛「教会」は「場所」，④「カレンダー」と㋔「枕」と㋕「毛布」は「日用品」を表す語です。

　次のように，派生語をまとめて覚えるのも語彙を増やすよい方法の1つです。
science「科学」 – scientist「科学者」（人）
farm「農場」（場所） – farming「農業」 – farmer「農場経営者」（人）
win「（～に）勝つ」（動詞） – winner「勝利者」（人）
design「設計」（名詞），「～を設計する」（動詞） – designer「設計者，デザイナー」（人）

　〈名詞＋名詞〉や〈形容詞＋名詞〉のまとまりで1つの意味を持つ言葉が多くあります。これらはその表現を知っているとすぐに正解がわかります。
e-mail address「Eメールアドレス」　　exchange student「交換留学生」
solar power「太陽光発電」　　sushi chef「すし職人」　　company name「会社名」

ポイント2　「動詞」…itやthemが指すものがポイント

　空所に入る品詞が動詞の場合，空所前後の名詞（主語や目的語）から正解がわかることがよくあります。ただし，名詞ではなくitやthemなどの代名詞（指示語）の場合は，それが指す内容を理解することが重要になります。

例題 をみてみよう！

A: Where are you going with those bottles, Jim?
B: I'm going to a supermarket to (　　　　) them.
1 raise　　**2** taste　　**3** recycle　　**4** shake

訳　*A:* それらの瓶を持ってどこへ行くの，ジム？
　　B: これらをリサイクルするためにスーパーマーケットへ行くところだよ。

解説　選択肢には動詞が並んでいます。空所の後の目的語themが何を指すかがポイントです。themは前に出た複数形の名詞を指し，ここではthose bottlesのことです。「瓶」との結びつきと，スーパーマーケットで何をするかを想像すると，recycle「～を再生利用［リサイクル］する」が正解だとわかります。**1** raise「～を育てる，～を上げる」，**2** taste「～の味を見る」，**4** shake「～を振る」。

解答：3

✏️ 動詞と目的語の意味の結びつきを意識して，それぞれの動詞に合う目的語を選びましょう。同じ選択肢は2回以上使えません。

動詞		目的語
1. explain	㋐	the street
2. cross	㋑	carrots
3. boil	㋒	flowers
4. pick	㋓	the rules

解答：1. ㋓ ルールを説明する／2. ㋐ 通りを渡る／3. ㋑ ニンジンをゆでる／4. ㋒ 花を摘む

　動詞には，プラスまたはマイナスのイメージを持つものがあり，それを意識すると英文の内容を理解する助けになります。他の品詞でも同様です。また，反対の意味の語はセットで覚えると効果的です。反対の意味の語がキーワードとなって正解がわかることがあるからです。

プラスイメージの語				マイナスイメージの語	
add	～を加える			break	～を壊す，～を割る
celebrate	～を祝う			cry	泣く，叫ぶ
collect	～を集める			destroy	～を破壊する
fit	(衣服のサイズや形が)～に合う			die	死ぬ
follow	～の後についていく，～に従う			drop	落ちる，～を落とす
grow	～を育てる，成長する			fall	落ちる
introduce	～を紹介する			fight	けんかする
pass	～に合格する			hurt	痛む，～を傷つける
reach	～に着く，～に届く			injure	～にけがをさせる
raise	～を育てる，～を上げる			steal	～を盗む
save	～を節約する，～を救う			waste	～をむだに使う
catch	(乗り物)に間に合う	⬌		miss	(乗り物)に乗り遅れる
lend	～を貸す	⬌		borrow	～を借りる ※return「～を返す」も重要
remember	～を覚えている，～を思い出す	⬌		forget	～を忘れる
win	(～に)勝つ	⬌		lose	(～に)負ける，～をなくす

lend　　　borrow

ポイント3 「形容詞」…英文のイメージが大切

　形容詞の問題では，英文や会話がプラスイメージの場面なのか，マイナスイメージの場面なのかを意識して読んでみましょう。選択肢の中から正解が絞られてきます。

例題 をみてみよう！

Karen is very (　　　　) because her little sister broke her favorite hand mirror. It was a present from her grandmother.

1 angry　　**2** possible　　**3** safe　　**4** useful

訳　カレンは，妹がお気に入りの手鏡を割ったので，とても腹を立てています。それは祖母からのプレゼントでした。

解説　because以下の「妹がお気に入りの手鏡を割った」は，マイナスイメージの場面ですね。選択肢の中でマイナスイメージの語は，**1**のangry「腹を立てた」です。becauseがある文では，原因・理由と結果の理解もポイントになります。**2** possible「可能な」，**3** safe「安全な」，**4** useful「役に立つ」。　　　　　　　　　　　　　　　**解答：1**

　動詞と同じように，形容詞もプラスイメージとマイナスイメージに分けて覚えましょう。

プラスイメージの語			マイナスイメージの語	
clever	賢い		angry	腹を立てた
comfortable	快適な，心地よい		boring	退屈な
correct	正しい		crowded	混雑した
healthy	健康的な		nervous	緊張した
special	特別な		shy	恥ずかしがりの
useful	役に立つ		weak	弱い
bright	明るい	⟷	dark	暗い
careful	注意深い	⟷	careless	不注意な
cheap	安い	⟷	expensive	高価な
safe	安全な，無事な	⟷	dangerous	危険な
wide	（幅が）広い	⟷	narrow	（幅が）狭い

✏ 次のセリフの場面に最も合う形容詞を上の表から選びましょう。

1. I have a soft and warm bed.

2. I can't see the stage because there are too many people.

解答：1. comfortable（私はやわらかくて暖かいベッドを持っています）
　　　2. crowded（あまりに人が多くいて，私は舞台が見えません）

次の**(1)**から**(16)**までの（　　　　　）に入れるのに最も適切_{てきせつ}なものを**1, 2, 3, 4**の中から一つ選びなさい。

☐ **(1)** My grandmother likes gardening. She (　　　　) many kinds of fruits and vegetables.

    1 reaches   **2** grows   **3** returns   **4** crosses

☐ **(2)** My friend Peter is good at painting pictures. He is going to study art in (　　　　).

    1 church   **2** farm   **3** bank   **4** college

☐ **(3)** *A:* Cindy, let's have lunch at Hunter Pizza Restaurant.

    B: Well, it's always (　　　　) there. I like to eat at a quiet place.

    1 strong   **2** true   **3** cheap   **4** crowded

☐ **(4)** After Mr. Peterson changed his (　　　　) name, the furniture they were selling started to become popular.

    1 difference   **2** company   **3** sentence   **4** culture

☐ **(5)** *A:* Do you think Sally will (　　　　) her exam?

    B: I'm sure she will. She studied very hard for it.

    1 destroy   **2** miss   **3** pass   **4** protect

☐ **(6)** *A:* This soup tastes bad.

    B: I think so, too. Let's (　　　　) some more salt in it.

    1 add   **2** cry   **3** waste   **4** push

☐ **(7)** *A:* Is that your book?

    B: Yes. But the story is (　　　　), so I stopped reading it.

    1 healthy   **2** boring   **3** shy   **4** useful

☐ **(8)** My new bed is very (　　　　), so I slept very well last night.

    1 dangerous   **2** comfortable   **3** strange   **4** unhappy

---

ヒント
(1) gardening：ガーデニング　　kind：種類　　(2) art：芸術_{げいじゅつ}, 美術_{びじゅつ}　　(4) change：～を変える
furniture：家具　　(5) exam：試験　　I'm sure (that) ～：きっと～だと思う
(6) taste：～な味がする　　(7) stop *doing*：～するのをやめる　　(8) slept：sleep「眠_{ねむ}る」の過去形_{かこけい}

(1) 解答 **2**

私の祖母はガーデニングが好きです。彼女はたくさんの種類の果物や野菜を育てています。

解説 動詞の問題。空所の後の目的語 many kinds of fruits and vegetables「たくさんの種類の果物や野菜」と結びつく動詞は，grow「～を育てる」です。**1** reach「～に届く」，**3** return「～を返す」，**4** cross「～を渡る」。

(2) 解答 **4**

私の友達のピーターは絵を描くのが得意です。彼は大学で芸術を学ぶつもりです。

解説 名詞の問題。選択肢に場所を表す語が並ぶパターンです。study art というキーワードから，芸術が学べる場所として college「大学」を選びます。**1** church「教会」，**2** farm「農場」，**3** bank「銀行」。

(3) 解答 **4**

A: シンディ，ハンター・ピザレストランで昼食を取ろうよ。
B: うーん，そこはいつも混雑しているわ。私は静かな場所で食べるのが好きなの。

解説 形容詞の問題。空所の後は「静かな場所で食べるのが好き」と続くので，quiet「静かな」と逆の状況を表す crowded「混雑した」が正解です。**1** strong「強い」，**2** true「本当の」，**3** cheap「安い」。

(4) 解答 **2**

ピーターソンさんが彼の会社名を変えた後，販売していた家具が人気になり始めました。

解説 空所の後の name「名前」に結びつく名詞が問われています。ピーターソンさんが変えたものは，company name「会社名」とするのが自然です。**1** difference「違い」，**3** sentence「文」，**4** culture「文化」。

(5) 解答 **3**

A: サリーは試験に合格すると思う？
B: きっと合格すると思うわ。彼女はそのためにとても一生懸命に勉強したんだもの。

解説 動詞の問題。目的語 her exam「彼女の試験」と結びつく動詞は pass「～に合格する」です。**1** destroy「～を破壊する」，**2** miss「(乗り物)に乗り遅れる」，**4** protect「～を保護する」。

(6) 解答 **1**

A: このスープはおいしくないわ。
B: ぼくもそう思う。もう少し塩を加えてみよう。

解説 動詞の問題。tastes bad は「おいしくない」という意味なので，おいしくないスープをどうするのかを考えましょう。目的語は some more salt「より多くの塩」で，in it の it はスープのことです。「スープの中により多くの塩を～する」の意味に合うのは，add「～を加える」です。**2** cry「泣く」，**3** waste「～をむだに使う」，**4** push「～を押す」。

(7) 解答 **2**

A: それはあなたの本？
B: うん。でもストーリーが退屈だから，読むのをやめたんだ。

解説 形容詞の問題。空所の後の「それ(＝本)を読むのをやめた」からマイナスイメージの語が入ると考えます。読むのをやめた理由は，ストーリーが「退屈だ」(boring)からとするのが適切です。**1** healthy「健康的な」，**3** shy「恥ずかしがりの」，**4** useful「役に立つ」。

(8) 解答 **2**

私の新しいベッドはとても快適なので，私は昨夜ぐっすり眠りました。

解説 形容詞の問題。slept very well「ぐっすり眠った」はプラスイメージの場面です。これに合う形容詞は，comfortable「快適な，心地よい」です。**1** dangerous「危険な」，**3** strange「奇妙な」，**4** unhappy「不幸な」。

☐ **(9)** There is a big park near my house. In fall, it is very beautiful with colorful leaves. Many (   ) come to see them.

1 coaches　　　**2** winners　　　**3** designers　　　**4** tourists

☐ **(10)** John wants to buy a watch, but it's (   ) for him. He will have to work hard to get it someday.

1 expensive　　　**2** perfect　　　**3** narrow　　　**4** fresh

☐ **(11)** *A:* Do you know Mika's e-mail (   )?

B: No. I only know her phone number.

1 mistake　　　**2** meaning　　　**3** voice　　　**4** address

☐ **(12)** *A:* How do you like the jacket, sir?

B: Well, do you have a bigger one? It doesn't (   ) me very well.

1 feel　　　**2** fit　　　**3** collect　　　**4** enter

☐ **(13)** I got up late this morning. But I was able to (   ) the 7:30 bus, so I arrived at school on time.

1 draw　　　**2** catch　　　**3** perform　　　**4** drop

☐ **(14)** *A:* I have to make a speech in front of the class tomorrow.

B: Don't be so (   ). You'll do fine.

1 bright　　　**2** wide　　　**3** nervous　　　**4** careless

☐ **(15)** *A:* Oh, no! It's raining! I don't have an umbrella.

B: I have two here, so I can (   ) you one.

1 tell　　　**2** lend　　　**3** call　　　**4** hurt

☐ **(16)** Cathy works as a volunteer. Her job is (   ) garbage on the beach.

1 sharing　　　**2** holding　　　**3** fighting　　　**4** collecting

ヒント
(9) colorful：色とりどりの　　leaves：leaf「葉」の複数形
(10) someday：いつか　　(11) e-mail：Eメール　　phone number：電話番号
(13) get up late：寝坊する　　be able to *do*：〜することができる
on time：時間どおりに　　(14) make a speech：スピーチをする
in front of〜：〜の前で　　do fine：うまくやる
(16) volunteer：ボランティア　　garbage：ごみ

(9) 解答 **4**

私の家の近くには大きな公園があります。秋には色とりどりの葉でとても美しいです。多くの観光客がそれを見にやって来ます。

解説 選択肢には人を表す名詞が並んでいます。英文の最後のthemは前の文にあるcolorful leavesを指し，これを見に来る人はtourist「観光客」です。**1** coach「コーチ」，**2** winner「勝利者」，**3** designer「デザイナー」。

(10) 解答 **1**

ジョンはある腕時計を買いたいのですが，それは彼には高価です。彼はそれをいつか手に入れるために一生懸命に働かなければならないでしょう。

解説 空所の前のit'sのitはa watchを指します。butに着目して，「腕時計が欲しい➡でも高価だ（expensive）➡一生懸命に働く」という流れをつかみましょう。**2** perfect「完璧な」，**3** narrow「（幅が）狭い」，**4** fresh「新鮮な」。

(11) 解答 **4**

A: ミカのEメールアドレスを知ってる？
B: いいえ。彼女の電話番号しか知らないわ。

解説 e-mail address「Eメールアドレス」という表現を知っていれば，すぐに**4**が選べます。**1** mistake「間違い」，**2** meaning「意味」，**3** voice「声」。

(12) 解答 **2**

A: そのジャケットはいかがですか，お客さま？
B: うーん，もっと大きいのはありますか。あまり私に合っていません。

解説 店員と客の会話です。主語のItはthe jacketを指し，「（サイズや形が）〜に合う」を意味するfitが適切です。**1** feel「〜に感じる」，**3** collect「〜を集める」，**4** enter「〜に入る」。

(13) 解答 **2**

私は今朝，寝坊しました。でも7時30分のバスに間に合ったので，時間どおりに学校に着きました。

解説 目的語のthe 7:30 busに結びつく動詞は，catch「（乗り物）に間に合う」です。But「しかし」とso「だから」に着目して話の展開をつかみましょう。**1** draw「〜を描く」，**3** perform「〜を演じる」，**4** drop「〜を落とす」。

(14) 解答 **3**

A: 明日，クラスのみんなの前でスピーチをしなければならないの。
B: そんなに緊張しないで。きみならうまくやれるよ。

解説 「クラスのみんなの前でスピーチをする」という状況に合う形容詞は，nervous「緊張した」です。**1** bright「明るい」，**2** wide「（幅が）広い」，**4** careless「不注意な」。

(15) 解答 **2**

A: あら，たいへん！　雨が降っているわ！　傘を持っていないの。
B: ここに2本あるから，1本きみに貸してあげられるよ。

解説 空所の後のoneが「傘」を指すことを理解しましょう。雨が降っているので，傘を「貸す」のだとわかります。〈lend ＋ A ＋ B〉で「AにBを貸す」の意味です。**1** tell「〜に話す」，**3** call「〜に電話をする」，**4** hurt「〜を傷つける」。

(16) 解答 **4**

キャシーはボランティアとして働いています。彼女の仕事は浜辺のごみを集めることです。

解説 ボランティアの仕事を想像すると，空所の後のgarbage「ごみ」と結びつく動詞はcollect「〜を集める」です。**1** share「〜を共有する」，**2** hold「〜を手に持つ，〜を開催する」，**3** fight「けんかする」。

2 日目 筆記 1

適切な語句を選ぶ問題②

今日の目標 副詞は動詞との結びつきに注意し，熟語は形で分類して覚えよう！

今日は単語問題のうちの「副詞」と「熟語」の問題を取り上げます。副詞は，-lyの形の語とその他の語に分けて考えるとよいです。

ポイント1 -lyの副詞は動詞との意味の結びつきがポイント

副詞は，大きく分けて，-lyの形の語（例：slowly「ゆっくりと」，clearly「はっきりと」）と，-lyではない語（例：straight「まっすぐに」，forever「永遠に」）があります。-lyの副詞は動詞を修飾することが多く，問題を解く際は動詞との意味の結びつきから正解を絞ります。

例題 をみてみよう！

A: Oh, you're wearing glasses, Janet.
B: Yes, Mr. Jones. Now I can see the blackboard (　　　　).
1 slowly　　**2** clearly　　**3** tightly　　**4** quietly

訳 *A:* あれ，めがねをかけてるんだね，ジャネット。
B: はい，ジョーンズ先生。今では黒板がはっきりと見えます。

解説 空所に入る副詞は，前にある動詞seeを修飾しています。*A*の発言から，ジャネットはめがねをかけていることがわかるので，黒板がどんなふうに見えるのかを考えます。**2**のclearly「はっきりと」が正解です。**1** slowly「ゆっくりと」，**3** tightly「きつく，しっかりと」，**4** quietly「静かに」。

解答：2

-lyの形の主な副詞を覚えましょう。主に動詞を修飾します。

-lyの形の主な副詞					
badly	ひどく	deeply	深く	safely	安全に
carefully	注意深く	greatly	大いに	slowly	ゆっくりと
cheaply	安く	heavily	激しく	tightly	きつく，しっかりと
clearly	はっきりと	quietly	静かに	widely	広く

careful「注意深い」— carefully「注意深く」，
safe「安全な」— safely「安全に」
のように，形容詞に-lyがついたパターンが多いね！

▶ 動詞と副詞の意味の結びつきを意識して，それぞれの動詞に合う副詞を選びましょう。

動詞		副詞
1. drive	㋐	tightly
2. rain	㋑	carefully
3. hold his hand	㋒	heavily

解答：1. ㋑注意深く運転する／2. ㋒雨が激しく降る／3. ㋐彼の手をしっかりと握る

副詞は動詞の前にくることもあります。その場合も，動詞とのつながりがポイントです。また，文全体を修飾する副詞もあります。-lyの形ではない語の確認も含め，いくつか例文を見てみましょう。

already「すでに，もう」

I've already finished the report. 「私はもうレポートを終えました」

straight「まっすぐに」

Go straight down the street and you'll find it on your right.

「この通りをまっすぐ進めば，右手にそれが見えます」

forever「永遠に」

I want to live here forever. 「私は永遠にここで暮らしたいです」

suddenly「突然に」

Suddenly, it has stopped raining. 「突然，雨がやみました」

ポイント2　動詞を含む熟語を覚えよう

熟語問題で出題されるものには，turn off「（明かりなど）を消す」のように，動詞を含む熟語があります。問題では，turnなど動詞の部分が空所の場合もあれば，offなどの部分が空所の場合もあります。

・例題 をみてみよう！ ‥‥‥‥‥‥‥‥‥‥‥‥‥‥‥‥‥‥‥‥‥‥‥‥‥

A: Dad, can you (　　　　) off the TV? I'm studying.

B: OK, Paula.

1 turn　　**2** make　　**3** run　　**4** play

訳　*A:* お父さん，テレビを消してくれる？　勉強しているの。

B: わかったよ，ポーラ。

解説　選択肢には動詞が並んでいて，空所の後のoffとセットで使う熟語が問われています。the TV「テレビ」があることから，turn off ～「～を消す」が適切です。次の文のI'm studying.はテレビを消してほしい理由としてうまくつながります。**2** make「～を作る」，**3** run「走る」，**4** play「（競技・ゲームなど）をする」。　　　　　　　　　解答：**1**

turn on「（明かりなど）をつける」とturn off「（明かりなど）を消す」のように，onとoff，upとdownなどで反対の意味になる熟語があります。セットで覚えると効果的です。

give up	（〜を）あきらめる		try on	〜を試着する
put on	（衣類など）を着る	⬌	take off	（衣類など）を脱ぐ，離陸する
turn on	（明かりなど）をつける	⬌	turn off	（明かりなど）を消す
turn up	〜の音量を上げる	⬌	turn down	〜の音量を下げる

次のような，「名詞」を含む熟語では，名詞の部分が空所になる場合もあります。

give A a hand	Aを手伝う	shake hands with 〜	〜と握手する
give A a ride	Aを車で送る	take care of 〜	〜の世話をする
make a mistake	間違える	take part in 〜	〜に参加する

形容詞が意味の中心となる熟語もあります。

形容詞が意味の中心となる熟語

be afraid of 〜	〜が怖い	be proud of 〜	〜を誇りに思っている
be filled with 〜 / be full of 〜	〜でいっぱいである	be ready for 〜	〜の準備ができている
be interested in 〜	〜に興味がある	be tired of 〜	〜にうんざりした

➡ 日本語を参考に，（　）に1語を入れて，文を完成させましょう。

1. Can you give me a (　　　)? （手伝ってくれる？）
2. Are you (　　　) for the school trip? （修学旅行の準備はできてる？）
3. I took part (　　　) the dance contest. （ダンスコンテストに参加したんだ）

解答：1．hand／2．ready／3．in

ポイント3　副詞の働きをする熟語を覚えよう

副詞の働きをする熟語を見てみましょう。ポイント1で学んだ「副詞」の単語問題と同じく，動詞との結びつきがポイントになります。

例題 をみてみよう！

When I saw Ms. Robinson in the teachers' room, she was talking (　　　) the phone.

1 on　**2** at　**3** as　**4** for

訳　私が職員室でロビンソン先生を見たとき，彼女は電話で話していました。

解説　選択肢には前置詞が並んでいます。on the phoneは「電話で」という意味で，動詞was talking「話していた」を修飾しています。ただし，この問題のように，修飾関係を意識しなくても，熟語さえ知っていれば正解が選べる場合もよくあります。　　**解答：1**

副詞の働きをする熟語

a little	少し	at last	ついに
after a while	しばらくして	far away	遠くに
all day	1日中	first of all	まず初めに
as soon as possible	できるだけ早く	for a while	しばらくの間
as usual	いつものように	for the first time	初めて
at first	初めは	in fact	実は，実際に

その他の重要な熟語

at the end of ～	～の終わりに	in the middle of ～	～の真ん中に
between *A* and *B*	AとBの間に	in front of ～	～の前に
by *oneself*	ひとりで，自分で	not ～ at all	まったく～ない

✏️ （　　）に当てはまる語を右の㋐～㋓の中から選び，記号で答えましょう。

1. swim (　　) the first time
2. walk home (　　) usual
3. meet (　　) front of the station

㋐ in	㋑ by	㋒ as	㋓ for

解答：1. ㋓初めて泳ぐ／2. ㋒いつものように歩いて家に帰る／3. ㋐駅の前で会う

a glass of milk「（コップ）1杯の牛乳」やa pair of jeans「1本のジーンズ」など，a ... of ～の形の熟語もあります。名詞の部分が空所になって出題されます。

a ... of ～の熟語

a cup of ～	（カップ）1杯の～	a piece of ～	（ケーキやパイ, 紙など）1切れ［1片］の～
a glass of ～	（コップ）1杯の～	a sheet of ～	（紙など）1枚の～
a pair of ～	1組［1対］の～	a slice of ～	（パンや肉など）1枚［1切れ］の～

「2切れのケーキ」はtwo pieces of cakeと言うよ。

a slice of ~

a sheet of paper

a piece of cake

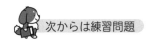
次からは練習問題　23

次の**(1)**から**(16)**までの（　　　　）に入れるのに最も適切^{てきせつ}なものを**1, 2, 3, 4**の中から一つ選びなさい。

☐ **(1)** It was snowing a lot, so Kevin told his wife to drive more (　　　　).
　1 deeply　　　**2** slowly　　　**3** cheaply　　　**4** luckily

☐ **(2)** Last summer, my family went on a trip to France. While we were away, my uncle visited our house to (　　　） care of our dog.
　1 get　　　　**2** put　　　　**3** set　　　　**4** take

☐ **(3)** Yesterday Emi stayed at home (　　　） day because it was very cold and snowing.
　1 more　　　**2** lot　　　　**3** all　　　　**4** little

☐ **(4)** *A:* Tim, take (　　　） your shoes here. They are very dirty.
　B: OK, Mom.
　1 into　　　**2** after　　　**3** up　　　　**4** off

☐ **(5)** *A:* Nancy, can you (　　　） down the radio while I'm studying?
　B: Oh, sorry, Nick.
　1 turn　　　**2** call　　　**3** break　　　**4** fall

☐ **(6)** Lisa has spent a lot of time with Andrew since they were little. She hopes to be good friends with him (　　　）.
　1 abroad　　**2** recently　　**3** forever　　**4** suddenly

☐ **(7)** Masao took a plane (　　　） the first time when he went to China this spring.
　1 at　　　　**2** for　　　　**3** in　　　　**4** on

☐ **(8)** *A:* I can't hear you (　　　） all. Could you speak a little louder?
　B: Oh, sorry.
　1 on　　　　**2** by　　　　**3** at　　　　**4** for

🚩 **ヒント**

(1) tell *A* to *do*：Aに〜するように言う　　(2) go on a trip to 〜：〜へ旅行に行く　while：〜する間に　　(6) spent：spend「（時間）を過^すごす」の過去分詞^{か こ ぶん し}　　(8) a little：少し　louder：loud「大声で」の比較級^{ひ かくきゅう}

(1) （解答）**2**

雪がたくさん降っていたので，ケビンは妻にもっと**ゆっくり**運転するように言いました。

（解説）動詞driveを修飾する副詞が問われています。雪がたくさん降っているときにどう運転してほしいのかを考えると，slowly「ゆっくりと」が適切です。**1** deeply「深く」，**3** cheaply「安く」，**4** luckily「運よく」。

(2) （解答）**4**

昨年の夏，私の家族はフランスに旅行に行きました。私たちがいない間，おじが私たちの犬**の世話**をしに家に来てくれました。

（解説）最後のour dogにうまくつながるのは，take care of ～「～の世話をする」です。while「～する間に」も重要な語です。whileは接続詞で，後ろには〈主語＋動詞〉が続きます。

(3) （解答）**3**

昨日，とても寒く，雪が降っていたので，エミは**1日中**家にいました。

（解説）空所の後のdayに着目して，all day「1日中」とします。1日中家にいた理由がbecause以下に続きます。

(4) （解答）**4**

A: ティム，ここで靴**を脱ぎ**なさい。とても汚れているわよ。
B: わかったよ，お母さん。

（解説）空所の後のyour shoesと結びつく熟語はtake off ～「～を脱ぐ」です。*A*の2文目の主語Theyはyour shoesを指しています。

(5) （解答）**1**

A: ナンシー，ぼくが勉強している間はラジオの**音量を下げて**くれる？
B: まあ，ごめんなさい，ニック。

（解説）「勉強している間」にラジオをどうしてほしいのかを考えると，turn down ～「～の音量を下げる」が適切だとわかります。

(6) （解答）**3**

リサは幼い頃からアンドリューとたくさんの時間を過ごしてきました。彼女は彼と**永遠に**よい友達でいることを願っています。

（解説）副詞の問題。2文目のSheはLisa, himはAndrewのことで，hope to *do*は「～することを望む」という意味です。forever「永遠に」を入れると1文目とうまくつながります。**1** abroad「外国に」，**2** recently「最近」，**4** suddenly「突然」。

(7) （解答）**2**

マサオは今年の春に中国へ行ったとき，**初めて**飛行機に乗りました。

（解説）for the first timeで「初めて」を表します。丸ごと覚えておきましょう。

(8) （解答）**3**

A: あなたの声が**まったく**聞こえ**ません**。もう少し大きな声で話していただけますか。
B: あら，すみません。

（解説）can'tとallに着目します。not ～ at allで「まったく～ない」という意味になり，次の文とうまくつながります。

☐ **(9)** Mike likes taking photos. Last month, one of his photos won the contest. His parents are very (   ) of him.

1 worried   **2** afraid   **3** proud   **4** absent

☐ **(10)** *A:* Oh, it's raining so hard.

B: I can give you a (   ). I came to work by car today.

1 seat   **2** ride   **3** map   **4** job

☐ **(11)** *A:* Hi, Jane. Are you (   ) for tomorrow's test?

B: Yes. I hope I'll pass it.

1 ready   **2** interested   **3** filled   **4** surprised

☐ **(12)** On my last birthday, my aunt visited me with a big box. It was full (   ) candy. It was the best present for me.

1 with   **2** from   **3** of   **4** into

☐ **(13)** *A:* This strawberry pie is delicious! Did you make it (   ) yourself?

B: No, my mom helped me.

1 with   **2** up   **3** on   **4** by

☐ **(14)** Yesterday, when I was looking around in a shopping mall, I saw one of my old friends. We went to a café and talked (   ) a while.

1 for   **2** in   **3** as   **4** at

☐ **(15)** Kevin often goes to Paris on vacation. (   ) fact, he was born there and has many friends there.

1 As   **2** After   **3** By   **4** In

☐ **(16)** *A:* What do you have for breakfast?

B: I usually have a (   ) of bread and some milk.

1 cup   **2** slice   **3** total   **4** center

(9) photo：写真　　win：〜で勝つ，優勝する　　contest：コンテスト　　(10) hard：激しく
(11) pass：〜に合格する　　(12) candy：キャンディー，砂糖菓子
(14) look around：見て回る　　shopping mall：ショッピングモール　　(15) on vacation：休暇で

(9) 解答 **3**

マイクは写真を撮るのが好きです。先月，彼の写真の1枚がコンテストで優勝しました。彼の両親は彼をとても誇りに思っています。

解説 写真のコンテストで優勝した息子を両親はどう思っているか考えると，be proud of 〜「〜を誇りに思っている」が適切です。**2**のafraidも be afraid of 〜 の形で使いますが，「〜が怖い」は文脈に合いません。

(10) 解答 **2**

A: ああ，雨がすごく激しく降っているわ。
B: ぼくが車で送ってあげられるよ。今日は車で職場に来たんだ。

解説 雨が降っていて，*B*がI can .... と言って何かを申し出ています。空所の後で「車で来た」と言っていることから，give *A* a ride「Aを車で送る［に乗せる］」とするのが適切です。

(11) 解答 **1**

A: やあ，ジェーン。明日のテストの準備はできている？
B: ええ。合格するといいのだけど。

解説 空所の直後のforに着目し，be ready for 〜「〜の準備ができている」とすると意味が通ります。

(12) 解答 **3**

この前の誕生日に，おばが大きな箱を持って私を訪ねて来ました。それはキャンディーでいっぱいでした。それは私にとって一番のプレゼントでした。

解説 空所の前の主語Itはa big boxを指します。「一番のプレゼント」というプラスイメージの内容から，was full of candy「キャンディーでいっぱいだった」とすると意味が通ります。ほぼ同じ意味のbe filled with 〜 とあわせて覚えておきましょう。

(13) 解答 **4**

A: このイチゴのパイはとてもおいしいね！　きみがひとりで作ったの？
B: いいえ，お母さんが手伝ってくれたよ。

解説 空所の前のitはThis strawberry pieを指します。*A*の質問に対して*B*はNoと言い，「お母さんが手伝ってくれた」と答えていることから，by *oneself*「ひとりで，自分で」が適切です。

(14) 解答 **1**

昨日，ショッピングモール内を見て回っていたとき，私は昔の友達の1人に会いました。私たちはカフェに行って，しばらくの間おしゃべりをしました。

解説 talked「おしゃべりをした」と適切につながるのはfor a while「しばらくの間」です。after a while「しばらくして」と間違えやすいので注意しましょう。

(15) 解答 **4**

ケビンは休暇でよくパリに行きます。実は，彼はそこで生まれ，そこには友達がたくさんいるのです。

解説 In factは「実は，実際に」という意味で，前の内容について事実を付け加えるときなどに使われます。2つのthereはどちらもパリのことです。

(16) 解答 **2**

A: 朝食には何を食べるの？
B: たいていパン1枚と牛乳だよ。

解説 breadと結びつくのはa slice of 〜「（パンや肉など）1枚の〜」です。a slice of 〜 はスライスした薄切りの1枚を表します。

適切な語句を選ぶ問題③

今日の目標　適切な動詞の形を選ぶ問題を攻略しよう！

筆記 1 の最後（通常 3 問）では，文法の問題が出題されます。今日は，選択肢に動詞の変化形が並ぶ問題に焦点を当てて見ていきましょう。受け身，現在完了，to 不定詞，前の名詞を修飾する現在分詞や過去分詞などを学びます。

ポイント 1　**過去分詞が正解になる問題をマスターしよう**

　選択肢に動詞の変化形が並ぶ問題で，空所の前が be 動詞の場合は受け身の可能性を考えましょう。主語や空所の後の語句から，「～される［された］」という意味がふさわしければ，正解は過去分詞です。空所の前が have [has] の場合は現在完了の文で，その場合も正解は過去分詞です。

例題 をみてみよう！

> This English guide map was (　　　) by student volunteers.
> **1** make　　**2** makes　　**3** making　　**4** made

訳　この英語の案内地図は学生ボランティアによって作られました。

解説　選択肢には make「～を作る」の変化形が並んでいます。空所の前は be 動詞の was なので，was making「作っていた」と was made「作られた」のどちらかが考えられます。主語が map「地図」で，後ろに by「～によって」があるので，「地図は～によって作られた」という受け身の意味だとわかります。よって，正解は過去分詞の made です。　**解答：4**

　動詞には，過去形・過去分詞の語尾が -ed ではなく，不規則に変化するものがあります（不規則動詞）。受け身や現在完了の問題では，不規則動詞の過去分詞がよく問われます。

【よく出る不規則動詞】

過去形と過去分詞が同じタイプ		過去形と過去分詞が違うタイプ	
buy-bought-bought	～を買う	break-broke-broken	～を壊す
build-built-built	～を建てる	do-did-done	～をする
find-found-found	～を見つける	give-gave-given	～を与える
have-had-had	～を持っている	go-went-gone	行く
hold-held-held	～を持つ	know-knew-known	～を知っている
make-made-made	～を作る	see-saw-seen	～が見える
sell-sold-sold	～を売る	steal-stole-stolen	～を盗む

次に，同じく過去分詞が正解になるパターンとして，現在完了の問題を見てみましょう。

例題 をみてみよう！

A: Do you know that boy?

B: Yes, that's Kevin. We've (　　　　) each other since we were little.

1 knows　　**2** known　　**3** knew　　**4** knowing

訳　*A:* あの男の子を知ってる？

　　B: うん，あの子はケビンだよ。ぼくたちは小さい頃からの知り合いだよ。

解説　選択肢にはknowの変化形が並んでいます。空所の前のWe'veはWe haveの短縮形です。前にhaveがあるときは，現在完了の文を検討しましょう。「（ずっと）知っている」という現在完了の文で，過去分詞のknownが正解です。直訳すると「ぼくたちは小さいときからずっとお互いを知っている」という意味です。　　　　　　**解答：2**

次の文が受け身か現在完了かを考えて，(　　　　)に適切な動詞を入れましょう。動詞は右のカードから選んで，適切な形に直してください。

1. Kate hasn't (　　　) her homework yet.
2. My school is very old. It was (　　　) a hundred years ago.

> break　build
> steal　do

解答：1. done（ケイトはまだ宿題をしていません）
　　　　2. built（私の学校はとても古いです。それは100年前に建てられました）

【現在完了〈have [has] ＋過去分詞〉の3つの用法】

① 完了「～してしまった，～したところだ」

I've **just** finished lunch.「私はたった今昼食を終えたところです」

よく一緒に使う語：already「もう」，just「たった今」，

　　　　　　　　　yet「（否定文で）まだ，（疑問文で）もう」など

② 継続「（ずっと）～している」

I haven't seen Jim **since** May.「私は5月以来ずっとジムに会っていません」

よく一緒に使う語：since「～（して）以来」，for「～の間」，

　　　　　　　　　How long ～?「どのくらいの間～ですか」など

③ 経験「～したことがある」

Have you **ever** been to Tokyo?「あなたは今までに東京に行ったことはありますか」

よく一緒に使う語：ever「今までに」，before「以前に」，never「一度も～ない」，once「1度」，

　　　　　　　　　twice「2度」，three times「3度」，many times「何度も」など

> Have you ever been to ～?「今までに～に行ったことがありますか」は面接の質問でもよく出るよ。

29

ポイント 2　to不定詞が正解になる問題をマスターしよう

to不定詞〈to＋動詞の原形〉の部分が空所になる問題があります。その1つとして，〈It is ～ for ＋ A ＋ to ＋動詞の原形〉「Aにとって…することは～だ」の問題を見てみましょう。

例題 をみてみよう！

Katie grew up in a small village, so it is exciting for her (　　　　) in a big city.

1 live　　**2** lives　　**3** to live　　**4** lived

訳　ケイティは小さい村で育ったので，彼女にとって大都会で暮らすことはわくわくします。

解説　空所の前のit isとforに着目しましょう。〈It is ～ for ＋ A ＋ to ＋動詞の原形〉「Aにとって…することは～だ」の文だとわかるので，to不定詞のto liveが正解です。このto不定詞は「～すること」を意味し，itは「それは」ではなく，to以下の内容を指します。

解答：3

3級で出る他のto不定詞の使い方には，以下のようなものがあります。読解問題やリスニングでも出てくるので，ここで確認しておきましょう。

【wantなど＋人＋to＋動詞の原形】

この形が筆記1で出るときは通常，〈to＋動詞の原形〉の部分が空所になります。

① 〈want ＋ 人 ＋ to ＋動詞の原形〉「（人）に～してもらいたい」

I want many people to read my book.「私は多くの人たちに私の本を読んでもらいたいです」

〈would like ＋ 人 ＋ to ＋動詞の原形〉も「（人）に～してもらいたい」という意味で，wantよりも丁寧な表現になります。

② 〈ask ＋ 人 ＋ to ＋動詞の原形〉「（人）に～するように頼む」

My mother asked me to buy some milk.「母は私に，牛乳を買うように頼みました」

③ 〈tell ＋ 人 ＋ to ＋動詞の原形〉「（人）に～するように言う」

Mr. Lewis told his students to finish the report by next Monday.

「ルイス先生は生徒たちに，来週の月曜日までにレポートを終えるように言いました」

✏ [　　] 内の動詞を適切な形に変えて，（　　）に入れましょう。1語とは限りません。

1. It is not easy for Kevin (　　　　) up early. ［get］
2. Meg told me (　　　　) her book. ［return］
3. Do you want me (　　　　) your shoes? ［wash］

解答：1. to get（ケビンにとって，早く起きることは簡単ではありません）
2. to return（メグは私に，彼女の本を返すように言いました）
3. to wash（私にあなたの靴を洗ってもらいたいですか）

ポイント3 分詞が正解になる問題をマスターしよう

　選択肢に動詞の変化形が並んでいる問題で空所の前が名詞の場合，空所に分詞を入れて〈分詞＋語句〉が前の名詞を修飾する文になるかどうかを検討しましょう。「～している（名詞）」という意味なら現在分詞（-ing形），「～された（名詞）」という意味なら過去分詞（-ed形）が正解です。

例題 をみてみよう！

A: Who is that girl (　　　　) to Tom over there?

B: She's a new student, Ayumi.

1 talk　　　**2** talks　　　**3** to talk　　　**4** talking

訳　**A:** あそこでトムと話している女の子はだれ？

　　B: 新しく来た生徒のアユミだよ。

解説　選択肢にはtalkの変化形が並んでいて，空所の前はgirlという名詞です。空所以下を見ると，「トムと話している女の子」という意味がふさわしいので，現在分詞のtalkingが正解です。

解答：**4**

➡ 意味が「～している」か「～された」かを考えて，［　　］内の動詞を適切な形に変えて，（　　）に入れましょう。

1. the boy (　　　　) a cap　［wear］
2. the picture (　　　　) by a famous artist　［paint］
3. the cat (　　　　) under the car　［sleep］

解答：1. wearing（帽子をかぶっている男の子）
　　　 2. painted（有名な画家によって描かれた絵）
　　　 3. sleeping（車の下で眠っている猫）

【現在分詞の -ing形と動名詞の -ing形を区別しよう】

　動詞の -ing形は，現在分詞の場合と動名詞の場合があります。動名詞は「～すること」を表し，筆記1でも出題されることがあるので，復習しておきましょう。

① 文の主語　 Practicing tennis made me tired.「テニスを練習して私は疲れました」
② 文の補語　 His job is washing dishes.「彼の仕事は皿を洗うことです」
③ 動詞の目的語　 I finished reading the book.「私はその本を読み終えました」
④ 前置詞の目的語　 He is good at playing the piano.「彼はピアノを弾くのが上手です」

　なお，上の①の例文は直訳すると「テニスを練習することが私を疲れさせた」という意味です。〈make＋人＋形容詞〉は「（人）を～（の状態）にする」という意味で，筆記1でもPracticing tennis made (　　　) tired.のような形で出題されることがあります（正解はme）。（人）の部分が代名詞のときはhim, her, meなど「～を」の形（目的格）になるという点に注意しましょう。

次からは練習問題　31

次の**(1)**から**(16)**までの（　　　　）に入れるのに最も適切^{てきせつ}なものを**1, 2, 3, 4**の中から一つ選びなさい。

☐ **(1)** **A:** Good morning, Ken. Did you walk here?
B: Yes. My bike was (　　　) last week.
1 steal **2** stole **3** stolen **4** stealing

☐ **(2)** **A:** Sam, have you ever (　　　) that Italian restaurant?
B: Yes, the seafood pizza was delicious.
1 try **2** tried **3** trying **4** to try

☐ **(3)** Patricia likes art very much. It is fun for her (　　　) pictures.
1 draw **2** drew **3** to draw **4** drawing

☐ **(4)** **A:** Kate, who's that woman (　　　) the blue shirt?
B: That's our new music teacher.
1 wear **2** wearing **3** worn **4** to wear

☐ **(5)** Yesterday was my birthday. I went shopping with my mother and she bought me a wallet (　　　) in Italy.
1 make **2** making **3** made **4** to make

☐ **(6)** Lisa likes cooking. She often cooks different kinds of dishes for her family. Now she is interested in (　　　) cooking in Spain.
1 learn **2** learns **3** to learn **4** learning

☐ **(7)** **A:** Do you like (　　　) English to children, Mr. Williams?
B: Yes, I do.
1 teaching **2** teach **3** taught **4** teaches

☐ **(8)** Ms. Russell told her students (　　　) three books during the summer vacation.
1 read **2** reading **3** reads **4** to read

> **ヒント**
> (2) seafood：シーフード，魚介類^{ぎょかいるい}　　delicious：とてもおいしい　　(4) shirt：シャツ
> (5) wallet：財布^{さいふ}　　(6) different：さまざまな　　dish：料理

(1) 解答 **3**

A: おはよう，ケン。ここまで歩いて来たの？

B: うん。先週，自転車が盗まれたんだ。

解説 be動詞の後ろに続く動詞は，-ing形（進行形）か過去分詞（受け身）のどちらかです。ここでは主語が「自転車」なので，「盗まれた」という受け身がふさわしいです。受け身は〈be動詞＋過去分詞〉の形なので，過去分詞のstolenが正解です。

(2) 解答 **2**

A: サム，今まであのイタリアンレストランを試したことはある？

B: うん，そこのシーフードピザはとてもおいしかったよ。

解説 空所の前のhave you everに着目しましょう。「今までに～したことがあるか」と経験を尋ねる現在完了の疑問文です。現在完了の疑問文は〈Have you ＋動詞の過去分詞～?〉の形なので，過去分詞のtriedが正解です。

(3) 解答 **3**

パトリシアは芸術が大好きです。彼女にとって絵を描くことは楽しいです。

解説 空所の前のIt isとforに着目しましょう。〈It is ～ for ＋ *A* ＋ to ＋動詞の原形〉「*A*にとって…することは～だ」の文だとわかるので，to不定詞のto drawが正解です。

(4) 解答 **2**

A: ケイト，青いシャツを着ているあの女性はだれ？

B: あの人は私たちの新しい音楽の先生よ。

解説 空所の前が名詞であることに着目します。空所以下が名詞womanを後ろから修飾して，「青いシャツを着ているあの女性」という意味にするのがふさわしいので，現在分詞のwearingが正解です。

(5) 解答 **3**

昨日は私の誕生日でした。私は母と買い物に行き，母は私にイタリアで作られた財布を買ってくれました。

解説 空所以下が前の名詞walletを修飾する形です。「イタリアで作られた財布」という受け身の意味がふさわしいので，過去分詞のmadeが正解です。

(6) 解答 **4**

リサは料理が好きです。彼女はよく，家族のためにさまざまな種類の料理を作ります。今，彼女はスペインで料理を学ぶことに興味があります。

解説 be interested in ～ は「～に興味がある」という意味で，このinのように前置詞の後ろに動詞がくるときは，動名詞（動詞の-ing形）にします。よって，learningが正解です。

(7) 解答 **1**

A: 子どもに英語を教えるのは好きですか，ウィリアムズさん？

B: はい，好きですよ。

解説 like *doing*で「～するのが好きだ」という意味なので，動名詞のteachingが正解です。〈like to ＋動詞の原形〉も「～するのが好きだ」という意味ですが，ここではto不定詞は選択肢にありません。

(8) 解答 **4**

ラッセル先生は生徒たちに，夏休み中に3冊の本を読むように言いました。

解説 空所の前のtold her studentsに着目します。〈tell ＋人＋ to ＋動詞の原形〉「（人）に～するように言う」の文だとわかるので，to readが正解です。

☐ **(9)** *A:* I haven't (   ) Peter for a few months.
B: He moved to another city. I thought you knew that.
1 see   **2** saw   **3** seeing   **4** seen

☐ **(10)** A new T-shirt was (   ) to each player by the coach.
1 to give   **2** gave   **3** given   **4** giving

☐ **(11)** John likes listening to music in his room. It makes (   ) happy.
1 his   **2** him   **3** he   **4** them

☐ **(12)** When the teacher came into the classroom, the students stopped (   ) noise.
1 make   **2** makes   **3** making   **4** made

☐ **(13)** I often go to the art museum. I like French pictures (   ) in the 19th century.
1 paint   **2** paints   **3** to paint   **4** painted

☐ **(14)** *A:* Susan, have you (   ) a letter to Uncle Bob?
B: No, not yet. I'll do it soon.
1 write   **2** wrote   **3** written   **4** writing

☐ **(15)** *A:* Who is that?
B: Do you mean that man (   ) by the tree? He's our P.E. teacher.
1 stand   **2** stood   **3** standing   **4** to stand

☐ **(16)** *A:* Ann, I'd like you (   ) your little brother with his homework.
B: OK, Dad.
1 to help   **2** help   **3** helping   **4** helps

🚩 ヒント
(9) move to ～：～に引っ越す　　(10) T-shirt：Tシャツ　　coach：コーチ，監督
(13) art museum：美術館　　century：世紀　　(15) mean：～のことを言う　　P.E.：体育

(9) 解答 **4**

A: 私は数か月間ピーターに会っていないわ。

B: 彼は別の町に引っ越したよ。きみはそれを知っていると思っていたよ。

解説 haven'tやfor a few monthsという期間を表す語句に着目します。「(ずっと)〜している」という継続を表す現在完了の否定文で，過去分詞のseenが正解です。

(10) 解答 **3**

新しいTシャツがコーチによって各選手に与えられました。

解説 空所の前がwasなので，-ing形(進行形)か過去分詞(受け身)のどちらかを考えます。主語がT-shirt「Tシャツ」で，「与えられた」という受け身がふさわしいので，過去分詞のgivenが正解です。by「〜によって」もヒントになります。〈give + A + B〉〈give + B + to + A〉「AにBを与える」を受け身にして，〈主語(B) + be動詞 + given + to + A〉という形になっています。

(11) 解答 **2**

ジョンは自分の部屋で音楽を聞くことが好きです。それは彼を幸せにします。

解説 〈make + 人 + 形容詞〉で「(人)を〜(の状態)にする」という意味です。(人)が代名詞のときは目的格(「〜を」の形)になるので，himが正解です。

(12) 解答 **3**

先生が教室に入って来たとき，生徒たちは騒ぐことをやめました。

解説 stopの後に動名詞がくると，stop *doing*「〜するのをやめる」という意味になります。よって，makingが正解です。make (a) noise「音を立てる，騒ぐ」という熟語も覚えておきましょう。

(13) 解答 **4**

私はよく美術館に行きます。私は19世紀に描かれたフランスの絵画が好きです。

解説 空所以下が前の名詞picturesを修飾する形です。「19世紀に描かれた絵」という受け身の意味がふさわしいので，過去分詞のpaintedが正解です。

(14) 解答 **3**

A: スーザン，ボブおじさんに手紙を書いたの？

B: いいえ，まだなの。すぐに書くわ。

解説 空所の前のhave youに着目します。「(もう)〜したか」と尋ねる現在完了の疑問文で，過去分詞のwrittenが正解です。*B*の応答のNo, not yet.「いいえ，まだなの」もヒントになります。

(15) 解答 **3**

A: あれはだれ？

B: 木のそばに立っているあの男性のことを言っているの？　彼は私たちの体育の先生よ。

解説 空所以下が前の名詞manを修飾する形です。「木のそばに立っている男性」という意味がふさわしいので，現在分詞のstandingが正解です。

(16) 解答 **1**

A: アン，きみに弟の宿題を手伝ってもらいたいんだけど。

B: わかったわ，お父さん。

解説 I'dはI wouldの短縮形で，〈would like + 人 + to + 動詞の原形〉で「(人)に〜してもらいたい」という意味になります。よって，to helpが正解です。

適切な語句を選ぶ問題④

今日の目標　いろいろな形の文をマスターしよう！

今日は，付加疑問文・間接疑問・関係代名詞など，3級の筆記1で出やすい他の文法問題をいくつか見ていきます。読解問題やリスニングでも出てくる文法事項なので，しっかりと理解しておきましょう。

ポイント1　付加疑問文をマスターしよう

「付加疑問文」は，肯定文であればその最後に〈, 否定形＋主語?〉を置いて，「～だよね？」と相手に確認したり念を押したりする表現です。付加疑問文の問題では，選択肢にisn'tやdon't, couldn't などの否定の短縮形が並びます。

例題 をみてみよう！

A: Mr. and Mrs. Carter are going back to their country, (　　　　) they?
B: I know. I'll miss them so much.
1 isn't 　　**2** aren't 　　**3** didn't 　　**4** don't

訳　*A:* カーター夫妻は国に帰ってしまうんだよね？
B: そうなのよ。彼らがいなくなるのはとても寂しいわ。

解説　空所の前にコンマがあり，肯定文の最後に「?」があるので，付加疑問文だと判断します。この文の動詞はare goingなので，areの否定形であるaren'tが正解です。　**解答：2**

✏️ 主語の後の動詞の形に注意して，（　　）に適切な語を入れましょう。

1. You sent me a message, (　　　　) you?

2. He's a doctor, (　　) he?

> sent はsendの過去形，He's はHe isの短縮形だよ。

解答：1. didn't（あなたは私にメッセージを送ったよね？）
　　　　2. isn't（彼は医者ですよね？）

【否定疑問文】

付加疑問文と一緒に学んでおきたい文法に「否定疑問文」があります。筆記2の会話やリスニングでよく出てきますので，確認しておきましょう。

① <u>Don't</u> you eat breakfast? 「あなたは朝食を食べないのですか」

② Why <u>isn't</u> Tim playing in the game? 「なぜティムは試合に出ていないのですか」

③ Why <u>couldn't</u> Chris go hiking? 「なぜクリスはハイキングに行けなかったのですか」
└─Whyで始まる否定疑問文はリスニングの質問で使われることがあります。

ポイント 2　間接疑問をマスターしよう

　3級では「間接疑問」が出題されます。間接疑問は，文の中に疑問文が入った形で，疑問詞の後が〈主語＋動詞〉の語順になる点がポイントですが，間接疑問が筆記1で問われるときは疑問詞が空所になるので，語順よりも文の意味を理解することが重要になります。この場合，選択肢には疑問詞（how，what，whenなど）が並びます。

例題 をみてみよう！

　　　A: Do you know (　　　　) Masato lives?
　　　B: Yes. He lives near the lake.
　　　1 what　　**2** where　　**3** why　　**4** when

訳　　*A:* マサトがどこに住んでいるか知ってる？
　　　B: うん。彼は湖の近くに住んでいるよ。

解説　選択肢に疑問詞が並んでいます。*A*の質問に対し，*B*が「湖の近くに」と「場所」を答えているので，where「どこに」が正解です。**1** what「何が［を］」，**3** why「なぜ」，**4** when「いつ」。　　　　　　　　　　　　　　　　　　**解答：2**

適切な疑問詞を選ぶパターンは，間接疑問の他に〈疑問詞＋to＋動詞の原形〉の文があります。

【疑問詞＋ **to** ＋動詞の原形】

① how to *do*「～する方法，～のしかた」

Could you tell me | how | to use this machine?
「この機械の使い方を教えていただけますか」

② what to *do*「何を～すべきか」

I don't know | what | to buy for Luke's birthday.
「私はルークの誕生日に何を買えばいいかわかりません」

> 問題では，空所の後の〈to＋動詞の原形〉に着目して，文の内容に合う疑問詞がどれかを考えるよ。

✏️ 疑問詞の意味に注意して，適切な応答を右から選びましょう。

1. Do you know why Jim is absent from school?

2. I don't know how to get to the zoo.

3. Do you know when their next concert is?

⑦ On December 25.

④ You can take a bus.

⑦ He has a cold.

解答：1. ⑦（ジムがなぜ学校を休んでいるか知っていますか。―彼は風邪をひいています）
　　　2. ④（動物園への行き方がわかりません。―バスに乗って行けますよ）
　　　3. ⑦（彼らの次のコンサートがいつか知っていますか。―12月25日です）

比較表現の応用をマスターしよう

safe-safer-safest（安全な）やeasy-easier-easiest（やさしい）などの比較級・最上級の文は4級でも出題されますが，3級ではもう少し難しい文が出ます。その1つに，<u>good-better-best</u>，<u>bad-worse-worst</u>のような，不規則な変化をする語を問う問題があります。

例題 をみてみよう！

Today was the (　　　　) day of my life. I left my wallet and smartphone at home.

1 most　　**2** worse　　**3** worst　　**4** badly

訳　今日は人生で最悪の日でした。私は家に財布とスマートフォンを置き忘れたのです。

解説　2文目がマイナスイメージの内容なので，今日はよくない日だったことが想像できます。badの最上級worst「最も悪い」が正解です。**1**のmostはmany [much]「多くの」の最上級で，most dayという言い方はしません。**2**のworseはbadの比較級で，何かと比べて「より悪い」と言うときに使うので，この文には合いません。**4**のbadly「ひどく」はbadの副詞形で，theと名詞の間には入りません。　　　　　　**解答：3**

【不規則に変化する形容詞・副詞】

原級	比較級	最上級
good（よい，上手な，おいしい）	better	best
well（上手に，よく，十分に）	better	best
bad（悪い）	worse	worst

▶ [　　] 内の語を適切な形に変えて，（　　）に入れましょう。

1. This dog is much (　　　) than mine.　[smart]

> 1.のmuchは比較級を強調して「ずっと」という意味だよ。

2. My grades are (　　　) than last year.　[bad]

3. I think Susan's painting is the (　　　) in our class.　[good]

解答：1. smarter（この犬は私のよりずっと賢いです）／2. worse（私の成績は昨年よりも悪いです）
　　　3. best（私はスーザンの絵がクラスで一番上手だと思います）

【比較を使った応用表現】

① 〈the＋最上級＋名詞＋I have ever＋過去分詞〉「私が今までに～した中で最も…な（名詞）」

This is <u>the most colorful rainbow I've ever seen</u>.

「これは，私が今まで見た中で最も色鮮やかな虹です」

② 〈<u>比較級＋than any other＋単数名詞</u>〉「他のどの（名詞）よりも～」

Janet finished the test <u>faster than any other student</u> in her class.

「ジャネットは，クラスの他のどの生徒よりも速くテストを終えました」

→「一番速く終えた」という最上級と同じ意味になります。

ポイント4 ▶ 関係代名詞をマスターしよう

選択肢にwhatやwhoなどの語が並んでいるとき，疑問詞ではなく関係代名詞が問われている場合があります。空所の前に名詞があり，空所以下がその名詞を修飾している場合，空所には適切な関係代名詞を選びましょう。空所の前の名詞が「人」ならwho，「もの」ならthatもしくはwhichが正解になります。

✎ 例題 をみてみよう！

The school needs ten volunteers (　　　　) can help at the school festival.
1 what　　**2** whose　　**3** who　　**4** why

訳　学校は，文化祭で手伝うことができるボランティアを10人必要としています。

解説　文全体の主語はThe schoolで，動詞はneeds，ten volunteersは目的語で，「学校は10人のボランティアを必要としている」という意味です。空所の後はcan help ... となっているので，「～できるボランティア」という意味の文だと考えられます。つまり，(　　　　) can help at the school festivalが前の名詞volunteersを修飾するという構造で，空所には関係代名詞が入ります。volunteersは「人」なので，適切な関係代名詞はwhoになります。

解答：3

同じような問題で，空所の後が〈主語＋動詞〉の場合があります。この場合，通常，空所の前の名詞は「もの」で，空所に入る関係代名詞はthatまたはwhichになります。

thatからmeが前の名詞を修飾

The picture [that] Karen showed me was beautiful.
名詞　　　　　主語　動詞

「カレンが私に見せてくれた写真はきれいでした」

文全体の主語はThe picture，動詞はwasだよ。

➡ (　　) の前が「人」か「もの」かに注意して，(　　) の中から適切な語を選びましょう。

1. a train (why / that) goes to Tokyo
2. a friend (what / who) lives in Spain
3. the book (which / who) my grandmother gave me

「人」ならwho，「もの」ならthatまたはwhichだよ。

解答：1. that（東京へ行く列車）／2. who（スペインに住む友達）／3. which（祖母が私にくれた本）

【whoseの文】

空所の前も後ろも名詞で，その2つの名詞の意味関係が「～の…」の場合，whoseが正解になります。関係代名詞のwhoseは筆記1に出ることがあるので，ここで確認しておきましょう。

friendとfatherが「友達の父親」（friend's father）という意味関係

I have a friend [whose] father is a dentist.「私には，父親が歯科医である友達がいます」

次の(1)から(16)までの（　　　　）に入れるのに最も適切^{てきせつ}なものを**1, 2, 3, 4**の中から一つ選びなさい。

☐ **(1)** **A:** You'll join the book club, (　　　) you?

B: Yes. I like reading books.

1 won't   **2** aren't   **3** didn't   **4** don't

☐ **(2)** **A:** Do you know (　　　) Bob looks so happy?

B: He won the tennis tournament yesterday.

1 how   **2** what   **3** when   **4** why

☐ **(3)** **A:** How was the new Japanese restaurant?

B: The sushi was great. In fact, it was the (　　　) sushi I've ever eaten.

1 better   **2** best   **3** worse   **4** more

☐ **(4)** **A:** I don't know (　　　) to wear for Janet's birthday party.

B: You have a nice blue dress.

1 when   **2** who   **3** what   **4** how

☐ **(5)** I went to Sydney last month. I have an uncle (　　　) works there.

1 who   **2** where   **3** whose   **4** which

☐ **(6)** Some people think that traveling by plane is (　　　) than cars.

1 safe   **2** safer   **3** safest   **4** safely

☐ **(7)** I have a friend (　　　) brother is a movie actor.

1 who   **2** what   **3** that   **4** whose

☐ **(8)** **A:** You've seen Paul's new car, (　　　) you?

B: Yes. He showed it to me yesterday.

1 haven't   **2** didn't   **3** weren't   **4** isn't

> ヒント
>
> (2) tournament：トーナメント　　(3) In fact：実際^{じっさい}は　　(4) dress：ドレス
> (5) uncle：おじ　　(6) travel：移動^{いどう}する，旅行する　　plane：飛行機　　(7) actor：俳優^{はいゆう}

(1) 解答 1

A: きみは読書クラブに入るんだよね？

B: うん。本を読むのが好きなんだ。

解説 You'll ... という肯定文なのに，コンマがあって文の最後に「?」があることから，付加疑問文だとわかります。You'll は You will の短縮形なので，will の否定形である won't が正解です。

(2) 解答 4

A: ボブは**なぜ**あんなにうれしそうなのか知ってる？

B: 彼は昨日，テニスのトーナメントで優勝したんだよ。

解説 間接疑問の疑問詞の部分が問われています。*B*の「彼は昨日，テニスのトーナメントで優勝した」は，ボブがうれしそうにしている「理由」だと考えられるので，why「なぜ」が適切です。

(3) 解答 2

A: 新しい日本料理店はどうだった？

B: おすしがすばらしかった。実際，私が今までに食べた中で**一番おいしい**おすしだったわ。

解説 日本料理店の感想を聞かれて great と言っているので，プラスイメージの感想だとわかります。〈the ＋ 最上級 ＋ 名詞 ＋ I have ever ＋ 過去分詞〉「私が今までに〜した中で最も…な（名詞）」の形の文で，good「おいしい」の最上級 best が正解です。In fact「実際は」の意味も確認しておきましょう。

(4) 解答 3

A: ジャネットの誕生日会に**何**を着ていけばよいかわからないわ。

B: すてきな青いドレスを持っているじゃない。

解説 〈疑問詞 ＋ to ＋ 動詞の原形〉の疑問詞の部分が問われています。*B*の「あなたはすてきな青いドレスを持っている」は「青いドレスを着ていけばいいじゃない」という提案を表しています。よって，what to wear「何を着ていけばよいか」とすれば流れに合います。

(5) 解答 1

私は先月，シドニーに行きました。私にはそこで働いているおじがいます。

解説 空所の後の works there「そこ（＝シドニー）で働いている」が前の名詞 uncle「おじ」を修飾している文です。uncle は「人」なので，関係代名詞 who が正解です。

(6) 解答 2

飛行機で移動するのは車よりも**安全**だと考える人もいます。

解説 空所の後に than があれば，迷わず比較級を選びましょう。safe「安全な」の比較級 safer が正解です。**3**の safest は safe の最上級，**4**の safely は副詞で「安全に」という意味です。

(7) 解答 4

私には兄［弟］が映画俳優である友達がいます。

解説 空所の前も後ろも名詞であることに着目します。「友達の兄［弟］」という意味関係なので，関係代名詞 whose が正解です。

(8) 解答 1

A: あなたはポールの新しい車を見たんだよね？

B: うん。昨日彼がぼくにそれを見せてくれたよ。

解説 付加疑問文の問題です。You've は You have の短縮形，つまり現在完了の文なので，have の否定形 haven't が正解です。

☐ **(9)** Kelly can run faster than (   ) other student in her school.

    1 more   **2** each   **3** own   **4** any

☐ **(10)** *A:* Excuse me. Can you tell me (   ) I can find men's clothes?

    B: They are on the second floor.

    1 what   **2** that   **3** where   **4** why

☐ **(11)** Sandra watched a video (   ) explained the rules of ice hockey.

    1 who   **2** that   **3** whose   **4** when

☐ **(12)** *A:* You broke the cup, (   ) you?

    B: I didn't. The cat dropped it from the table.

    1 can't   **2** don't   **3** weren't   **4** didn't

☐ **(13)** Students (   ) will attend Mr. Parker's special class have to read this book.

    1 what   **2** who   **3** how   **4** whose

☐ **(14)** *A:* Do you know (   ) to open this door?

    B: Press the button on the wall over there.

    1 when   **2** who   **3** what   **4** how

☐ **(15)** Liam took an English test yesterday. He was shocked because the result was the (   ) in his class.

    1 bad   **2** worse   **3** worst   **4** badly

☐ **(16)** *A:* Do you think Spanish is (   ) than Japanese?

    B: I think so.

    1 easy   **2** easily   **3** easier   **4** easiest

ヒント

(10) men's clothes：紳士服 　 floor：階 　 (11) explain：～を説明する 　 rule：規則, ルール

(12) drop：～を落とす 　 (13) attend：～に出席する 　 special：特別な

(14) press：～を押す 　 button：ボタン 　 (15) shocked：ショックを受けて

result：結果 　 (16) Spanish：スペイン語

(9) （解答） **4**

ケリーは学校の他のどの生徒よりも速く走ることができます。

（解説）〈比較級 + than any other + 単数名詞〉で「他のどの（名詞）よりも〜」という意味になり，anyが正解です。比較級のfasterやotherの部分が空所になっても解けるようにしておきましょう。

(10) （解答） **3**

A: すみません。紳士服はどこで見つけられるか教えてもらえますか。

B: 2階にございます。

（解説）間接疑問の疑問詞の部分が問われています。**A**のmen's clothes「紳士服」についての質問に対し，**B**がon the second floor「2階に」と「場所」を答えていることから，where「どこで」が正解です。

(11) （解答） **2**

サンドラは，アイスホッケーのルールを説明した動画を見ました。

（解説）（　　）explained the rules of ice hockey「アイスホッケーのルールを説明した」が，前の名詞video「動画」を修飾する構造です。videoは「もの」なので，関係代名詞thatが適切です。

(12) （解答） **4**

A: あなたがカップを割ったのよね？

B: ぼくじゃないよ。猫がテーブルから落としたんだ。

（解説）付加疑問文の問題です。brokeはbreak「〜を割る」の過去形です。一般動詞の過去形の場合，付加疑問文ではdidの否定形didn'tを使います。不規則動詞の過去形を知っていることが重要になります。

(13) （解答） **2**

パーカー先生の特別授業に出席する生徒は，この本を読まなければなりません。

（解説）（　　）will attend Mr. Parker's special class「パーカー先生の特別授業に出席する」が，前の名詞Students「生徒たち」を修飾する構造です。Studentsは「人」なので，関係代名詞whoが適切です。この文全体の主語はStudents，動詞はhave to *do*「〜しなければならない」である点も確認しましょう。

(14) （解答） **4**

A: このドアの開け方を知っていますか。

B: あそこの壁にあるボタンを押してください。

（解説）〈疑問詞 + to + 動詞の原形〉の疑問詞の部分が問われています。**B**がドアの開け方を教えていると考えて，<u>how</u> to open 〜「〜を開ける方法，〜の開け方」とします。

(15) （解答） **3**

リアムは昨日，英語のテストを受けました。結果がクラスで**一番悪かった**ので，彼はショックを受けました。

（解説）空所の前にtheがあり，空所の後がin his class「彼のクラスで」であることから，bad「悪い」の最上級worstを入れるのが適切です。比較級・最上級が問われている問題で，空所の後ろに〈in + 範囲・場所を表す語句〉または〈of + 複数を表す語句〉があれば，最上級が入ります。

(16) （解答） **3**

A: スペイン語は日本語よりも簡単だと思う？

B: そう思うよ。

（解説）空所の後にthanがあるので比較級のeasierが正解です。**2**のeasilyは副詞で「簡単に」の意味，**4**のeasiestはeasyの最上級です。

適切な会話表現を選ぶ問題

今日の目標　会話のやり取りを完成させよう！

筆記 2 では，単語や文法の知識ではなく，会話の中で話者の質問や気持ちを読み取る力や会話表現の知識が問われます。定型の会話表現とその応答のしかたを確認しましょう。

ポイント1　質問とその応答を正しくマッチさせよう

　空所に適切な質問を入れるパターンと，質問に対する適切な応答を入れるパターンがあります。適切な応答を選ぶパターンでは，空所の後の内容もしっかりと読みましょう。会話や選択肢に含まれる it や one が指すものがポイントになります。

例題 をみてみよう！

Man: Excuse me. Is there a bank around here?

Woman: (　　　　) It's across the post office.

1 Ten dollars each, please.　　**2** There is one over there.

3 I showed it to a friend.　　**4** I'm afraid not.

訳　男性：すみません。この辺りに銀行はありますか。
女性：あそこに 1 つあります。郵便局の向かいです。

解説　男性が通りがかりの女性に話しかけている場面です。「この辺りに銀行はありますか」と聞かれた女性の応答の部分が空所になっています。空所の後の文を見ると，主語の It は「銀行」のことと考えられ，銀行の場所を説明していることから，「あそこに 1 つあります」という意味の **2** が適切です。**2** の one も「銀行」のことです。**1**「それぞれ 10 ドルお願いします」，**3**「私はそれを友達に見せました」。**4** の「あいにくですが，ありません（＝この辺りに銀行はない）」は質問の答えとして合いますが，空所の後の It's across .... とうまくつながりません。

解答：2

　　✏️ 次の質問に対して最も適切な応答を右の㋐～㋒の中から選びましょう。

1. Where did you see her?

2. Are you going to Ben's party?

3. How was the concert?

㋐ It was great.
㋑ No, I'm afraid not.
㋒ Near the station.

解答：1. ㋒（どこで彼女を見たの？―駅の近くで）
　　　2. ㋑（ベンのパーティーに行く？―いいえ，あいにく行かないの）
　　　3. ㋐（コンサートはどうだった？―とてもよかったよ）

44

Did you go to the bank? – No, **it**'s closed today. ⇒ it は the bank（特定の銀行）

「銀行に行った？」－「ううん，**それ**は今日，閉まっているよ」

Is there a bank around here? – There is **one** over there. ⇒ one は a bank（不特定の銀行）

「この辺りに銀行はありますか」－「あそこに**１つ**あります」

✏️ 次の □ で囲まれた語は何を指しますか。例にならって前の部分から探して ○ で囲み，矢印で結びましょう。

例 **A**: Have you seen my wallet, Dad? — **B**: I saw it on the table.

（私のお財布を見た，お父さん？―テーブルの上で見たよ）

1. Your music is too loud, Sam. Will you turn it down?

2. **A**: I bought these shoes yesterday.

   B: Where did you get them ?

3. **A**: How about going to the movies tonight?

   B: That sounds nice.

解答：1. it → Your music（あなたの音楽は大きすぎるわ，サム。音量を下げてもらえない？）

2. them → these shoes（昨日この靴を買ったんだ。―それはどこで手に入れたの？）

3. That → going to the movies tonight（今夜，映画を見に行くのはどう？―それはよさそうだね）

ポイント2 会話表現とその応答をマスターしよう

　質問またはその応答が空所になっている問題では，依頼や許可の表現がポイントになる場合があります。それに対する典型的な応答の表現も確認しておきましょう。

例題 をみてみよう！

> *Girl 1:* I'm going on a picnic with Amelia on Sunday. Do you want to come, too?
>
> *Girl 2:* (　　　) I'll bring some sandwiches.
>
> **1** That's too bad.　　　　　**2** Not at the moment.
>
> **3** I'd love to.　　　　　　　**4** I did my best.

訳　女の子１：日曜日にアメリアとピクニックに行くの。あなたも来ない？

女の子２：ぜひ行きたいわ。サンドイッチを持っていくね。

解説　Do you want to *do*?「～したいですか，～しませんか」は相手を誘う表現です。女の子２は空所の後で，ピクニックに持っていくものを話していることから，誘いに応じる**3**「ぜひそうしたい」が正解です。**1**「それは気の毒に」，**2**「今はだめなの」，**4**「最善を尽くしたわ」。

解答：**3**

【重要な会話表現とその応答例】

① 誘う・提案する

Do you want to *do*? / Would you like to *do*?「〜したいですか，〜しませんか」

Why don't we 〜?「〜しませんか」，Why don't you 〜?「〜してはどうですか」

How about *doing*?「〜するのはどうですか，〜しませんか」，Shall we 〜?「〜しませんか」

Would you like 〜?「〜はいかがですか」（物を勧める）

　受ける➡Sounds nice.「よさそうですね」，I'd love to.「ぜひそうしたいです」，

　　　　　　That's a good idea.「それはいい考えです」，Yes, please.「はい，お願いします」

　断る➡Sorry, but ....（理由）「悪いけど，…（理由）」

② 依頼する

Can [Will] you 〜?「〜してもらえますか」，Could [Would] you 〜?「〜していただけませんか」

　受ける➡Sure. / OK. / No problem.「いいですよ」，Certainly.「かしこまりました」

　断る➡Sorry, but ....（理由）「悪いけど，…（理由）」

③ 申し出る

Shall I 〜?「（私が）〜しましょうか」

Do you want me to *do*? / Would you like me to *do*?

「私に〜してもらいたいですか，〜しましょうか」

　受ける➡Yes, please.「はい，お願いします」

　断る➡No, thank you.「いいえ，結構です」

> May I 〜? は丁寧な表現で，生徒が先生に，店員が客に対して使うことが多いよ。

④ 許可を求める

Can I 〜?「〜してもいいですか」，May [Could] I 〜?「〜してもよろしいですか」

　受ける➡Sure. / OK. / No problem. / Go ahead. / Certainly.「いいですよ」

　断る➡Sorry, but ....（理由）「悪いけど，…（理由）」

⑤ 意見や感想を求める

How do you like 〜?「〜はどうですか」，What do you think of 〜?「〜をどう思いますか」

Do you think (that) 〜?「〜だと思いますか」

➡ 次の1，2の吹き出しに入る適切なセリフを下の㋐〜㋓の中から選びましょう。

㋐　May I take your order?　　　㋑　Could you show me the menu?

㋒　Could I order now?　　　　　㋓　How do you like today's special?

解答：1. ㋑（メニューを見せていただけますか―はい，どうぞ）

　　　2. ㋒（すみません。今，注文してもよろしいですか―もちろんです）

ポイント3 会話は最後まで読もう

　会話に疑問文が１つもないパターンの例題を見てみましょう。選択肢には，空所の前からの流れには合っても，後ろの内容には合わないものがあるので注意が必要です。会話は最後まで読みましょう。

例題 をみてみよう！

> ***Son:*** I'll play in a baseball game on Sunday.　(　　　　　)
> ***Father:*** I will.　I don't have any plans that day.
>
> **1** I hope you can come.　　　**2** It'll be my first time.
> **3** You'll be at work.　　　　**4** I'm happy to hear that.

訳　息子：日曜日，野球の試合に出るんだ。来てくれるといいな。
父親：行くよ。その日は予定が何もないからね。

解説　息子が父親に，日曜日に野球の試合に出ることを伝えています。父親はI don't have ....
で「その日（＝日曜日）は予定がない」と言っていることから，試合を見に行くと考えられます。この流れに合うのは，**1**「（試合を見に）来てくれるといいな」です。父親の
I will. は，I will come to the baseball game. という意味です。**2**「それが初めてなんだ」
は，前からの流れには合いそうですが，父親のI will. に合いません。**3**「仕事だよね」は
I will. には合いそうですが，その次のI don't have .... と合いません。**4**「それを聞いてうれしいよ」。

解答：1

　選択肢**1**の I hope you can come.「来てくれるといいな」は，疑問文ではありませんが，これも相手を誘う表現と言えます。このように，文の形にかかわらず，話し手の気持ちや要望，相手に求めていることなどを理解することが大事です。

【相手を誘うさまざまな表現】

I want to go to the science museum.　Are you free tomorrow?
「科学博物館に行きたいんだ。明日は暇？」⇒「一緒に行こうよ」の意味を含む
We're having a welcome party on Sunday.　If you have no plans, you should join us.
「日曜日に歓迎会を行います。予定がなければ，ぜひ参加してください」⇒歓迎会への誘い

　〈感情を表す形容詞＋ to ＋動詞の原形〉の形で使われるto不定詞は「原因」を表します。選択肢**4**の
I'm happy to hear that. は「それを聞いてうれしい」という意味です。happyやsorryなどの感情を表す語も話し手の気持ちを理解するのに重要なポイントになります。筆記2だけでなく，リスニングの第1部，第2部の会話でも出てきます。

【感情を表す語を含む表現】

I'm <u>sorry</u> to hear that.「それを聞いて気の毒［残念］に思います」
I'm <u>happy</u> to be home.「家に帰れてうれしいです」
I was <u>surprised</u> to hear that ....「…と聞いて驚きました」
I'm <u>glad</u> you like it.「あなたがそれを気に入ってうれしいです」

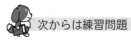
次からは練習問題　47

次の **(1)** から **(10)** までの会話について，(　　　　) に入れるのに最も適切なものを **1, 2, 3, 4** の中から一つ選びなさい。

☐ **(1)**　***Boy:*** Kate, what's wrong?

　　　Girl: Well, (　　　　) I didn't have time to eat breakfast.

　　　1 I can't find my pencil case.　　**2** It's windy outside.

　　　3 My bike is broken.　　　　　**4** I'm very hungry.

☐ **(2)**　***Boy:*** Today's math homework is difficult. (　　　　)

　　　Girl: No, but I'm good at math, so maybe I'll be fine.

　　　1 Can I help you?　　　　　　**2** Are you free now?

　　　3 Have you finished it?　　　　**4** Can I borrow yours?

☐ **(3)**　***Girl 1:*** Did you know that Takashi is going to get a puppy?

　　　Girl 2: Yes. (　　　　) I thought he didn't like dogs.

　　　1 I was surprised to hear that.　　**2** I saw him an hour ago.

　　　3 I've been there once.　　　　　**4** I like dogs better than cats.

☐ **(4)**　***Mother:*** Would you like some more cake, Jason?

　　　Son: (　　　　) I've had enough.

　　　1 Of course you do.　　　　　**2** No, thank you.

　　　3 Yes, please.　　　　　　　**4** Sure, here it is.

☐ **(5)**　***Brother:*** Let's buy something for Father's Day.

　　　Sister: (　　　　) I know a good shop that sells nice gifts.

　　　1 That's a good idea.　　　　**2** We have already got one.

　　　3 I'm glad he likes it.　　　　**4** We're almost there.

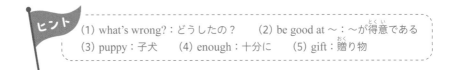

ヒント　(1) what's wrong?：どうしたの？　　(2) be good at ~：~が得意である
(3) puppy：子犬　　(4) enough：十分に　　(5) gift：贈り物

(1) 解答 **4**

男の子：ケイト，どうしたの？

女の子：あのね，**とてもおなかがすいているの。**朝ご飯を食べる時間がなかったの。

解説 男の子の「どうしたの？」という質問に対する応答部分が空所になっています。空所の後の「朝ご飯を食べる時間がなかった」にうまくつながるのは**4**です。**1**「筆箱が見つからないの」，**2**「外は風が強いの」，**3**「自転車が壊れているの」はどれも前からの流れには合いますが，空所の後の内容と合いません。

(2) 解答 **3**

男の子：今日の数学の宿題は難しいね。**きみは終わった？**

女の子：いいえ，でも私は数学が得意だから，たぶん大丈夫よ。

解説 質問の部分が空所になっているパターンでは，その応答に注目します。「数学が得意だから，たぶん大丈夫」という発言に合うのは，宿題が終わったかどうかを尋ねている**3**です。**3**のitは数学の宿題を指します。**4**「きみのを借りてもいい？」はyours = your math homeworkと考えると前からの流れに合いそうですが，女の子の応答とかみ合いません。**1**「手伝おうか？」，**2**「今，時間ある？」。

(3) 解答 **1**

女の子1：タカシが子犬を手に入れるつもりだって知ってた？

女の子2：ええ。**それを聞いて驚いたわ。**彼は犬が嫌いだと思っていたから。

解説 Did you know that 〜?は「〜だと知っていましたか」という意味です。空所の後に「彼（＝タカシ）は犬が嫌いだと思っていた」とあるので，「それ（＝タカシが子犬を手に入れること）を聞いて驚いた」という意味の**1**が正解です。hearの後のthatが指す内容がポイントです。**2**「私は彼を1時間前に見たわ」，**3**「私は1度そこに行ったことがあるわ」，**4**「私は猫よりも犬が好きよ」。

(4) 解答 **2**

母親：ケーキをもう少しどう，ジェイソン？

息子：**ううん，いらないよ。**十分に食べたから。

解説 Would you like 〜?「〜はいかがですか」は相手に物を勧める表現です。空所の後に「十分に食べた」とあるので，断る内容の**2**が適切です。**3**は受け入れる表現なので，空所の後の内容とかみ合いません。**1**「もちろん，あなたはするよ」，**3**「うん，お願い」，**4**「もちろん，はい，どうぞ」。

(5) 解答 **1**

兄［弟］：父の日に何か買おうよ。

妹［姉］：**それはいい考えね。**すてきな贈り物を売っているいい店を知っているわ。

解説 Let's 〜.は勧誘・提案の表現です。「父の日に何か買おう」という提案に対し，妹［姉］は，空所の後で「いい店を知っている」と言っているので，提案に同意する内容の**1**が適切です。**2**「私たちはすでに1つ買ったわ」は，前からの流れには合いそうですが，空所の後の文の内容とかみ合いません。**3**「彼がそれを気に入ってうれしいわ」，**4**「私たちはもうすぐそこへ着くわ」。

☐ **(6)** *Woman:* Are you ready to go for lunch, Dan?

Man: No. I have to finish my report first. ( )

Woman: No, I'll wait for you.

1 That's all for now.   **2** You can go without me.

3 Thank you for your help.   **4** I made a mistake.

☐ **(7)** *Man:* Excuse me. Could you tell me how to get to the post office?

Woman: ( ) You can ask the police officer over there.

1 Yes, I can take you there.   **2** It'll take about half an hour.

3 I will be there in ten minutes.   **4** Sorry, but I'm not from here.

☐ **(8)** *Girl:* What do you think of our new English teacher?

Boy: ( ) I can't write down everything he says.

1 He speaks too fast.   **2** I don't know how.

3 I've just done it.   **4** I think so, too.

☐ **(9)** *Grandmother:* It's getting dark. Shall I drive you to your house?

Grandson: No, I'm fine. I came on my bike. I'll call you ( )

1 when I get home.   **2** if I have one.

3 because I'm sick.   **4** while you're driving.

☐ **(10)** *Wife:* Honey, where is the magazine I put on the table?

Husband: ( ) so I threw it away this morning.

1 I've never seen it,   **2** It's difficult to choose,

3 I'm still reading it,   **4** I thought you didn't need it,

ヒント (6) be ready to *do*：～する準備ができている   go for lunch：昼食を食べに行く

(7) how to *do*：～のしかた   police officer：警察官

(9) drive *A* to *B*：車でAをBに送って［連れて］いく

(10) magazine：雑誌   throw ～ away：～を捨てる

(6) 解答 **2**

女性：お昼を食べに行く準備はできた，ダン？
男性：いや。先にレポートを仕上げないといけないんだ。**ぼくなしで行っていいよ。**
女性：いいえ，あなたを待つわ。

解説 オフィス内での男女の会話。女性は「お昼を食べに行く準備はできた？」と言って，男性をランチに誘っています。これに対し，男性は，No.（お昼を食べに行く準備はできていない）と答えた後，I have to .... でその理由を説明しています。その後の女性の「いいえ，あなたを待つわ」に合う男性の発言は**2**です。**1**「今のところそれで全部だ」，**3**「手伝ってくれてありがとう」，**4**「間違えたんだ」。

(7) 解答 **4**

男性：すみません。郵便局への行き方を教えていただけますか。
女性：ごめんなさい，私はこの土地の者ではありません。あそこにいる警察官に尋ねるといいですよ。

解説 男性が通りがかりの女性に道を尋ねています。女性は，空所の後で警察官に尋ねるように勧めているので，郵便局への行き方を自分では答えられないと考えられます。よって，**4**が適切です。**1**「はい，そこへお連れしましょう」，**2**「30分ほどかかります」，**3**「10分でそこへ行きます」。

(8) 解答 **1**

女の子：新しい英語の先生をどう思う？
男の子：**彼は話すのが速すぎるよ。ぼくは彼が言うことの全部は書きとめられないよ。**

解説 What do you think of 〜?「〜をどう思いますか」は，相手に意見や感想を求める表現です。空所の後の「全部は書きとめられない」という内容から，否定的な意見である**1**が適切です。too「〜すぎる」はマイナスイメージの意味でよく使われ，ここでは次の文のcan't「〜できない」につながります。**2**「やり方がわからないよ」，**3**「ちょうどそれをやったところだよ」，**4**「ぼくもそう思うよ」。

(9) 解答 **1**

祖母：暗くなってきたね。家まで車で送っていこうか？
孫息子：ううん，大丈夫。自転車に乗ってきたんだ。**家に帰ったらおばあちゃんに電話するね。**

解説 接続詞で始まる語句が選択肢に並ぶパターンもあります。外が暗くなってきて，祖母は「車で送っていこうか？」と言いますが，孫息子はNo, ... と言ってその必要がないことを説明しています。「おばあちゃんに電話するね」とうまく結びつくのは，**1**「家に帰ったら」です。**2**「もしぼくが1つ持っていたら」，**3**「ぼくは病気だから」，**4**「あなたが車を運転中に」。

(10) 解答 **4**

妻：あなた，私がテーブルの上に置いた雑誌はどこかしら？
夫：**きみはそれがいらないと思ったから，今朝それを捨てたよ。**

解説 空所の直後にあるsoに着目します。soの前は「理由」，後ろはその「結果」なので，男性が「今朝それ（＝雑誌）を捨てた」理由になっている**4**が適切です。itはthe magazineを指します。**3**の「まだそれ（＝雑誌）を読んでいるんだ」は，今テーブルの上にない理由としてありえそうですが，so以下の内容とかみ合いません。**1**「それを見たことはないよ」，**2**「選ぶのは難しいよ」。

読解問題① ［掲示］

今日の目標　掲示特有の形式に慣れよう！

筆記 3 A は，「掲示」や「お知らせ」の問題です。「掲示」や「お知らせ」の文章には，ある程度決まった型があります。まず英文の形式に慣れ，次に問題を解くのに必要な情報を本文から素早く拾う練習をしましょう。

ポイント1　掲示の目的を読み取ろう

掲示では，短い文章で的確に用件や具体的な内容を伝えなければなりません。そのため，箇条書きなどを使って必要な情報だけが簡潔に書かれています。通常，タイトルや最初の部分で掲示の目的がわかるので，まずその部分を確認しましょう。

例　Come and ～.「～しに来てください」
　　　➡イベントなどへの参加の誘い
　　A New ○○「新しい○○」
　　　➡新たにオープンした店や施設の告知
　　All students at ○○「○○の全校生徒へ」
　　　➡生徒向けの学校内掲示

ポイント2　日時，場所，その他の具体的な内容を読み取ろう

掲示の具体的な情報は本文の真ん中あたりに書かれています。イベントや新しい店・施設のオープニングの告知であれば，その日時や場所，期間，参加条件などの情報が書かれます。

例　箇条書きのタイトル：Date「日付」，Time「時間」，When「時」，Place「場所」，Where「場所」，
　　　　　　　　　　　　Cost「費用」，Pay「給料」
　　期間を表す語句：from A to B「AからBまで」，between A and B「AとBの間に」，
　　　　　　　　　　until「～まで」，before「～の前に」，by「～までに」
　　条件などを表す表現：If the weather is bad, ...「もし天気が悪ければ，…」

> If「もし～なら」は条件を表すよ。

✏ 54ページの例題の本文から，①「施設の開館日時」と，②「参加費用」が書かれた部分を探して，マーカーを引こう。

解答：① When: Monday to Friday, 3 p.m. to 6 p.m. ／② Cost: 20 dollars a month

ポイント3 連絡先や連絡方法を知ろう

　掲示の最後には，主催者の連絡先や問い合わせ先，連絡方法が書かれていることがよくあります。先にざっと設問を見て，その部分に関する問題がない場合は，この部分は読み飛ばして構いません。

例　本文：If you are interested, please see Sophia by May 10.
　　　　「興味があれば，５月10日までにソフィアに会ってください」

　　　　For more information, visit our website: ○○.
　　　　「詳しい情報は，ウェブサイト（○○）をご覧ください」

➡質問：What should people do if they want to know more about ～?
　　　　「人々は～についてもっと知りたければ何をすべきですか」

✏➤ 54ページの例題の本文から，「問い合わせ方法」が書かれた部分を探して，マーカーを引こう。

解答：For any questions, send an e-mail to the manager, Peter White (pwhite@lakevilleclub.com).

ポイント4 読み手のできること・すべきことを読み取ろう

　　設問では，読み手（イベント参加者など）が「できること」や「すべきこと」が問われることがよくあります。その場合，本文中の助動詞がポイントになります。できることはcan / be able to *do*で書かれています。また，すべきことやしなければならないことはshould, must, have to *do*，need to *do*で示されるほか，命令文などの「指示」を表す部分も手がかりになります。

　　　　　　　　　　　　　　　　　　　読み手ができること

例　本文：People who come to the store on that day can get a free drink.
　　　　「当日ご来店の方は，飲み物を１杯無料でもらえます」
➡質問：What will people be able to do at the store on that day?
　　　　「人々は当日，その店で何をすることができますか」
➡解答：Have a drink for free.
　　　　「飲み物１杯を無料でもらう」

a free drink → a drink for freeのように，本文と選択肢で違う表現が使われていることがよくあるよ。

読み手への指示＝読み手がしなければならないこと

例　本文：If you want to join the event, talk to Ms. Wilson after school.
　　　　「イベントに参加したい場合は，放課後にウィルソン先生と話してください」
➡質問：To join the event, students have to
　　　　「イベントに参加するのに，生徒がしなければならないことは」
➡解答：talk to Ms. Wilson.
　　　　「ウィルソン先生と話す」
※この例のように，文が途中で切れていて，その文を完成させる形式の問題もあります。

A New Club for Students in Lakeville

On September 1, Lakeville Town opened a club that students can go to after school. At the club, you can do many things, such as painting, watching movies, playing sports, and even horse riding!

When: Monday to Friday, 3 p.m. to 6 p.m.
Where: 1 Summer Street, Lakeville
Age: 10 to 17
Cost: 20 dollars a month

On Monday, September 10, we will have a party to celebrate our opening. There will be lots of food and drinks!

If you want to be a club member, sign up on our website:
www.lakevilleclub.com
For any questions, send an e-mail to the manager, Peter White
(pwhite@lakevilleclub.com).

This is a good chance to make new friends from other schools.
Join us and make friends!

(1)　What will happen at the club on September 10?
　　1 Members will go to a movie theater.
　　2 Members will visit different schools.
　　3 There will be a cooking lesson.
　　4 There will be an opening event.

(2)　Students can join the club
　　1 by visiting the club on September 1.
　　2 by asking their parents to write a letter.
　　3 by signing up on the website.
　　4 by sending an e-mail to Peter White.

全訳 レイクビル在住の生徒のための新設クラブ

9月1日，レイクビルタウンは，生徒が放課後に通えるクラブを開設しました。当クラブではたくさんのことができます。例えば，絵を描いたり，映画を見たり，スポーツをしたり，乗馬もできます！

開館日時：月曜日から金曜日，午後3時～午後6時

場所：サマー通り1番地，レイクビル

対象年齢：10～17歳

費用：月額20ドル

9月10日，月曜日にオープニングを祝うパーティーを開催します。食べ物や飲み物がたくさんあります！

クラブのメンバーになりたい場合は，当クラブのウェブサイトに登録してください：
www.lakevilleclub.com
ご質問は，管理者のピーター・ホワイト (pwhite@lakevilleclub.com) にEメールを送ってください。

他の学校の新しい友達を作るよい機会です。
参加して友達を作りましょう！

訳 **(1)** 9月10日にクラブで何がありますか。
1 メンバーが映画館に行く。
2 メンバーがさまざまな学校を訪問する。
3 料理レッスンがある。
4 オープニングイベントがある。

質問のSeptember 10を本文から探そう。その後に答えがあるよ！

解説 September 10に関する情報を探すと，箇条書きの下にOn Monday, September 10, ... とあります。この文のa party to celebrate our openingをan opening eventと言い換えた**4**が正解です。クラブがオープンした9月1日と，パーティーが行われる9月10日を混同しないようにしましょう。 **解答：4**

訳 **(2)** 生徒がクラブに入ることができるのは
1 9月1日にクラブへ行くことで。
2 親に手紙を書くように頼むことで。
3 ウェブサイトに登録することで。
4 ピーター・ホワイトにEメールを送ることで。

解説 選択肢は4つともby -ing「～することで」で始まっていて，クラブに入る方法が問われています。その情報は，If you want to be a club member, sign up on our websiteの部分にあり，**3**が正解です。sign up「登録する」は掲示でよく出てくる表現なので覚えておきましょう。**4**は問い合わせの方法なので，誤りです。 **解答：3**

練習問題

次の掲示の内容に関して，**(1)** と **(2)** の質問に対する答えとして最も適切なもの，または文を完成させるのに最も適切なものを **1**，**2**，**3**，**4** の中から一つ選びなさい。

All students at Mitchell Junior High School

Don't miss the chance to meet a famous basketball player!

Ryan Shields, a player for the Colorado Fireballs, is coming to visit our school.　Mr. Shields was a student at this school and will teach us different ways to shoot and pass the ball.　Students will also be able to take pictures with him.

> **PLACE:** The school gym
> **DATE** : Thursday, October 17
> **TIME** : From 3:45 p.m. to 5:30 p.m.

* You must wear gym shoes and clothes.

If you are interested, please go to the school office
and write your name on the list there.

☐ **(1)** What is this notice about?
    1 A new high school teacher.
    2 Joining the school basketball team.
    3 A visit by a famous basketball player.
    4 Opening a new sports store.

☐ **(2)** The students who go to the gym on October 17 can
    1 get new gym clothes.
    2 watch a big basketball game.
    3 take pictures with Ryan Shields.
    4 write a letter to Ryan Shields.

ヒント
miss：～を逃す　　chance to *do*：～する機会　　way(s) to *do*：～する方法
shoot：～をシュートする　　pass：～をパスする
be able to *do*：～することができる　　gym：体育館　　list：リスト

ミッチェル中学校の全生徒へ

有名なバスケットボール選手に会える機会をお見逃しなく！

コロラド・ファイアボールズの選手であるライアン・シールズが本校にやって来ます。シールズ氏は本校の元生徒で，私たちにボールのシュートやパスのいろいろな方法を教えてくれます。生徒の皆さんは，彼と一緒に写真を撮ることもできます。

場所　：学校の体育館
日にち：10月17日　木曜日
時間　：午後3時45分〜午後5時30分

*体育館用シューズと体操着を着用すること。

興味があれば，学校の事務室に行き，そこにあるリストに名前を書いてください。

(1) **解答** **3**

この掲示は何についてですか。

1 新しい高校の先生。

2 学校のバスケットボール部に入ること。

3 有名なバスケットボール選手の訪問。

4 新しいスポーツ用品店を開くこと。

解説 この問題のように，What is this notice about? と掲示の目的を問う問題が出ることがあります。掲示の目的はたいてい最初の方に書かれています。ここでは，タイトルの後のDon't ...! と Ryan Shields, ... の文から，有名なバスケットボール選手が学校に来ることがわかるので，**3**が正解です。

(2) **解答** **3**

10月17日に体育館へ行く生徒たちができることは

1 新しい体操着をもらう。

2 バスケットボールの大きな試合を観戦する。

3 ライアン・シールズと一緒に写真を撮る。

4 ライアン・シールズに手紙を書く。

解説 質問のThe students who ... can から，問われているのはその日に生徒が「できる」ことです。**PLACE** の前の文に Students will also be able to take pictures with him. とあり，この him は Ryan Shields のことなので，**3**が正解です。**1**の体操着は，生徒が当日着用しなければならないものです。

読解問題② ［Eメール・手紙文］

今日の目標

Eメールや手紙に書かれた情報を読み取ろう！

筆記 3 B は E メールまたは手紙文が出題されます。ここでは，E メールや手紙文の読み方，解き方を詳しく学びましょう。E メールの問題では，2 人の間の 2 通または 3 通のやりとり，または 3 人の間の 3 通のやりとりが出題されます。

ポイント 1 ＞ **E メールの前の部分から基本情報を知ろう**

E メールでは必ず初めの 4 行（ヘッダー）に，その E メールの基本的な情報が書かれています。

● From：送信者
● To：受信者
● Date：日付
● Subject：件名

> From: Oliver Burton
> To: Yuri Nakai
> Date: March 15
> Subject: International Festival
>
> Dear Ms. Nakai,
> Hello. I'm Oliver, your daughter Naomi's teacher. As you know, we will have International Festival at school on March 25. It is a good chance for students to learn different cultures around the world. Today Naomi said you are good at Japanese flower arrangement.* Could you show us flower arrangement in our class on the day? If you can come, please e-mail me by March 20. I'm looking forward to hearing from you.
> Sincerely,

Subject「件名」は E メールの話題 = E メールの目的だから，必ずチェックしよう！

ポイント 2 ＞ **人間関係や目的を意識して本文を読もう**

基本情報の下から本文が始まります。その最初の部分から，送信者と受信者がどういう関係にあるかをつかみましょう。そして，「件名」で読み取った話題・目的を意識しながら読み進めます。

62 ページの例題の 1 通目の E メールのヘッダーと本文の最初の部分を見てみましょう。

① Hello. I'm Oliver, your daughter Naomi's teacher.

「こんにちは。あなたの娘さんであるナオミの先生，オリバーです」

➡送信者（オリバー・バートン）は先生で，受信者（ユリ・ナカイ）は生徒（ナオミ）の母親だとわかります。

② As you know, we will have International Festival at school on March 25.

「ご存じのとおり，3 月 25 日に学校で国際祭りがあります」

➡Subject「件名」は International Festival で，それが学校の行事であること，また 3 月 25 日に開催されることがわかります。

ポイント 3 ＜ 書き手のやりとりの流れをつかもう

　Ｅメールのやりとりでは，相手へ質問や依頼をしたり問題点などを述べたりして，相手がそれに対して回答したりアドバイスをしたりする流れが典型的です。

　具体的には，1通目のＥメールにCan [Could] you ～?などの依頼表現，またはPlease ～ の形で指示をする文などがあれば，2通目にはその依頼や指示に対する返答があるはずです。次のJack（ジャック）とUncle Tom（トムおじさん）のＥメールのやりとりを見てみましょう。

> 1通目（Jack ➡ Uncle Tom）
> Can you tell me how to make a doghouse?
> 「犬小屋の作り方を教えてくれる？」

> 2通目（Uncle Tom ➡ Jack）
> 「教えてあげる」または「教えられない」などの情報を意識しながら読みます。

　また，〈ask [tell, want] ＋人＋ to do〉「（人）に～するように頼む［するように言う，してもらいたい］」という表現を使った質問がある場合，本文中の依頼表現が正解へのカギとなります。

　上の例を用いると…
　質問：What does Jack want Uncle Tom to do?
　　　　「ジャックはトムおじさんに何をしてもらいたいのですか」
➡正解：Tell him how to make a doghouse.「彼に犬小屋の作り方を教える」

本文中の依頼表現 Can you tell me how to make a doghouse? がカギ！

> 〈ask [tell, want] ＋人＋ to do〉は読解問題やリスニングの質問でもよく使われるよ。

　次のページの例題の1通目のＥメールで，バートン先生がナカイさんに何かを依頼しています。その依頼内容が書かれた文を探し，マーカーを引きましょう。Could you ～?という表現がヒントです。

　　　　　　　　　解答：Could you show us flower arrangement in our class on the day?

ポイント 4 ＜ 本文を読む前に問題をざっと見よう

　筆記3の読解問題［3A，3B，3C］に共通することですが，本文を読む前にざっと設問を見て，どんなことが問われているのかを把握してから本文を読むと，効率よく問題が解けます。

　例えば，次の例題の問題 (3) は，選択肢が4つとも On the morning [afternoon] of March ○.の形なので，「時」を問う問題だとすぐにわかります。先に設問を見ておくと，本文を読むときに「時」を意識して読むことができます。

解答：1通目 （3文目）As you know, we will have International Festival at school on March 25., （7文目）If you can come, please e-mail me by March 20.

3通目 （5文目）Mr. Maeda is free between 10 and 11 a.m. on the day, so please come to our classroom at 10 a.m.

例題 をみてみよう！

From: Oliver Burton
To: Yuri Nakai
Date: March 15
Subject: International Festival

Dear Ms. Nakai,

Hello. I'm Oliver, your daughter Naomi's teacher. As you know, we will have International Festival at school on March 25. It is a good chance for students to learn different cultures around the world. Today Naomi said you are good at Japanese flower arrangement.* Could you show us flower arrangement in our class on the day? If you can come, please e-mail me by March 20. I'm looking forward to hearing from you.
Sincerely,
Oliver Burton

From: Yuri Nakai
To: Oliver Burton
Date: March 16
Subject: Great

Dear Mr. Burton,

Thank you for your e-mail. I heard about International Festival from Naomi. It sounds like a fun event. She is excited that there will be a lot of foreign food they can eat. I was a flower arrangement teacher in Japan, so I'm interested in showing you flower arrangement. Actually, I've just started to give lessons here in London. It is going very well, but my students are all Japanese, and I've never taught in English. I'm not very good at speaking English. Is that OK?
Best regards,
Yuri Nakai

From: Oliver Burton
To: Yuri Nakai
Date: March 16
Subject: Thank you

Dear Ms. Nakai,

Thank you for your quick answer. I'm glad you are interested. Don't worry about the language. I asked our Japanese teacher, Mr. Maeda, and he said he would like to help. Mr. Maeda is free between 10 and 11 a.m. on the day, so please come to our classroom at 10 a.m. We are all looking forward to it. If you have any questions, please e-mail me anytime.

See you soon,

Oliver Burton

* flower arrangement: 生け花

(1) Mr. Burton wants Ms. Nakai to
    1 go to a school trip with his class.
    2 make food for a school event.
    3 show his class some Japanese culture.
    4 help a Japanese teacher.

(2) Why is Ms. Nakai worried?
    1 She can't speak English very well.
    2 She has never taught flower arrangement.
    3 She is too busy to help at school.
    4 She has to buy flowers by herself.

(3) When does Mr. Burton tell Ms. Nakai to come to the classroom?
    1 On the morning of March 15.   **2** On the afternoon of March 20.
    3 On the morning of March 25.   **4** On the afternoon of March 25.

全訳 送信者：オリバー・バートン

受信者：ユリ・ナカイ

日付：3月15日

件名：国際祭り

ナカイさま，

こんにちは。あなたの娘さんであるナオミの先生，オリバーです。ご存じのとおり，3月25日に学校で国際祭りがあります。これは，生徒たちが世界中のさまざまな文化

を学ぶよい機会です。今日，ナオミが，あなたは日本の生け花が得意だと言いました。当日，私たちのクラスで生け花を見せていただけませんか。来られるなら，3月20日までに私にEメールを送ってください。ご連絡を心待ちにしております。
敬具，
オリバー・バートン

送信者：ユリ・ナカイ
受信者：オリバー・バートン
日付：3月16日
件名：すばらしいですね

バートン先生，
Eメールをありがとうございます。ナオミから国際祭りのことを聞きました。楽しそうな行事ですね。彼女は，自分たちが食べることができる外国の食べ物がたくさんあることにわくわくしています。私は日本で生け花の先生をしていたので，みなさんに生け花を見せることに興味があります。実は，ここロンドンでレッスンを始めたばかりです。とても順調に進んでいますが，私の生徒は全員日本人で，英語で教えたことがありません。私は英語を話すのがあまり得意ではありません。大丈夫でしょうか。
敬具，
ユリ・ナカイ

送信者：オリバー・バートン
受信者：ユリ・ナカイ
日付：3月16日
件名：ありがとうございます

ナカイさま，
早速のお返事をありがとうございます。興味を持っていただいてうれしいです。言葉については心配ありません。私たちの日本語教師の前田先生に聞いたところ，手伝いたいと言っていました。前田先生はその日，午前10時から11時まで手が空いていますので，午前10時に教室に来てください。みんな楽しみにしています。ご質問がありましたら，いつでも私にEメールをください。
では，
オリバー・バートン

訳 **(1)** バートン先生がナカイさんにしてもらいたいことは
1 クラスのみんなと一緒に修学旅行へ行く。
2 学校行事のために食べ物を作る。
3 日本文化を彼のクラスのみんなに見せる。
4 日本語教師を手伝う。

解説 バートン先生が書いた1通目のEメールの件名と本文の最初の部分から，話題はInternational Festivalという学校行事で，バートン先生はこれを「さまざまな文化を学ぶよい機会」と言っています。ナカイさんにしてもらいたいこと（＝ナカイさんへの依頼・要望）は，Could you show us flower arrangement in our class on the day?とい

う依頼表現がポイントで，flower arrangementをJapanese cultureと言い換えた**3**が正解です。　　　　　　　　　　　　　　　　　　　　　　　　　**解答：3**

訳 **(2)** ナカイさんはなぜ心配しているのですか。
　　1 彼女は英語をあまり上手に話せない。
　　2 彼女は一度も生け花を教えたことがない。
　　3 彼女は忙しすぎて学校で手伝えない。
　　4 彼女は自分で花を買わなければならない。

解説 ナカイさんが心配していることは，2通目の最後にI'm not very good at speaking English. Is that OK?と書かれています。「英語を話すのがあまり得意ではない」を「英語をあまり上手に話せない」と言い換えた**1**が正解です。　　　　　　　　　　**解答：1**

訳 **(3)** バートン先生はナカイさんにいつ教室に来るように言っていますか。
　　1 3月15日の午前に。　　　　　　　**2** 3月20日の午後に。
　　3 3月25日の午前に。　　　　　　　**4** 3月25日の午後に。

解説 When 〜?の質問に対して，選択肢には「時」が4つ並んでいます。本文中の日付と午前・午後を表す語句を意識して読むと，まず，1通目のwe will have International Festival at school on March 25から，行事の開催日は3月25日だとわかります。また，3通目のplease come to our classroom at 10 a.m.から，教室に行くのは午前です。よって，**3**が正解です。　　　　　　　　　　　　　　　　　　　　**解答：3**

7日目

筆記

3
B

ポイント5 手紙文の問題を確認しよう

　手紙文は，Eメールの問題のような「やりとり」ではなく，1人が書いた長い文章になります。設問は通常，本文の内容順に出題されるので，段落ごとに設問を確認して解いてもよいでしょう。

例題 をみてみよう！ ··

September 14

Dear Paul,

　　How are you? Thank you for writing to me so soon. It was nice to meet you last month in Canada. Montreal is a beautiful city. I enjoyed staying with you and your family there. I arrived back in Tokyo last Sunday. I had to go back to school the next day, so I didn't have time to sleep very much. I was very tired, but now I'm OK.

　　I miss Canada a lot. Every day, I think of the things we did together. I liked fishing in the lake near your home and riding those beautiful horses. But my favorite time was the picnic that we had with all of your friends. The food was delicious and everyone was so nice. While I was in Canada, I wanted to talk to your friends more. Your family spoke both English and French, so I could communicate well.

But some of your friends spoke only French, so I didn't understand them at all.

Now I'm thinking about studying French in Tokyo. I will try to write a letter to you in French someday. And on my next trip to Canada, I hope I'll be able to talk to your friends in French!

I'm sending a picture of my family with this letter. The boy next to me is my younger brother Takahiro. I hope you can visit Japan and meet my family someday.

Your friend,
Hiroto

(1) Hiroto was tired last Monday because he
   1 studied French very hard.
   2 did not have a good sleep.
   3 had to write a letter in English.
   4 talked too much about the trip.

(2) What did Hiroto enjoy the most during his stay in Canada?
   1 Cooking with Paul's mother.
   2 Showing Paul pictures of his family.
   3 Going fishing in the lake near Paul's house.
   4 Going on a picnic with Paul and his friends.

(3) What does Hiroto want to do when he goes to Canada again?
   1 Take care of horses.
   2 Study French at school.
   3 Talk to people in French.
   4 Take pictures of mountains.

全訳　　　　　　　　　　　　　　　　　　　　　　　　　9月14日

親愛なるポールへ,

　元気？　とても早く手紙を書いてくれてありがとう。先月はカナダできみに会えてよかった。モントリオールはきれいな街だね。ぼくはそこできみときみの家族の家に滞在<ruby>滞在<rt>たいざい</rt></ruby>して楽しかった。ぼくはこの前の日曜日に東京に戻<ruby>戻<rt>もど</rt></ruby>ったよ。翌日<ruby>翌日<rt>よくじつ</rt></ruby>には学校に戻<ruby>戻<rt>もど</rt></ruby>らなければならなかったから，あまり眠<ruby>眠<rt>ねむ</rt></ruby>る時間がなかった。とても疲<ruby>疲<rt>つか</rt></ruby>れたけど，今はもう大丈夫<ruby>大丈夫<rt>だいじょうぶ</rt></ruby>だよ。

　ぼくはカナダがとても恋<ruby>恋<rt>こい</rt></ruby>しいよ。ぼくたちが一緒<ruby>一緒<rt>いっしょ</rt></ruby>にしたことを毎日考えているよ。きみの家の近くの湖で釣<ruby>釣<rt>つ</rt></ruby>りをしたり，あの美しい馬に乗ったりするのが好きだった。でもぼくが一番気に入った時間は，きみの友達みんなと出かけたピクニックだな。食べ物はおいしかったし，みんなとても親切だった。カナダにいる間，ぼくはきみの友

66

達ともっと話したかった。きみの家族は英語もフランス語も話したから，ぼくはよく
コミュニケーションが取れた。でも，きみの友達の中にはフランス語しか話さない人
がいたから，ぼくは彼らの言うことがまったく理解できなかった。

　今，ぼくは東京でフランス語を勉強しようと思っているんだ。いつかきみにフラン
ス語で手紙を書いてみようと思う。それで，次のカナダ旅行では，きみの友達とフラ
ンス語で話すことができたらいいな！

　ぼくの家族の写真をこの手紙に同封しているよ。ぼくの隣にいる男の子が弟のタカ
ヒロだ。きみがいつか日本に来て，ぼくの家族と会えるといいな。

きみの友達，
ヒロト

訳 **(1)** この前の月曜日，ヒロトは疲れていた。なぜなら，彼は

　　1 フランス語をとても熱心に勉強したから。
　　2 十分な睡眠がとれなかったから。
　　3 英語で手紙を書かなければならなかったから。
　　4 旅行のことを話しすぎたから。

解説 第1段落6文目に，ヒロトはこの前の日曜日に日本に戻ったと書かれています。そし
て7文目にthe next day「翌日」とあり，この日が質問にあるlast Monday「この前の
月曜日」に当たります。7文目～8文目のI didn't have time to sleep very muchとI
was very tiredから，ヒロトは十分な睡眠がとれなくて疲れていたことがわかるので，
2が正解です。本文のdidn't have time to sleep very muchが，**2**ではdid not have a
good sleepと言い換えられています。　　　　　　　　　　　　　　　**解答：2**

訳 **(2)** ヒロトはカナダ滞在中に何を最も楽しみましたか。

　　1 ポールの母親と料理をしたこと。
　　2 ポールに自分の家族の写真を見せたこと。
　　3 ポールの自宅近くの湖へ釣りに行ったこと。
　　4 ポールと彼の友達と一緒にピクニックに行ったこと。

解説 カナダでの思い出については第2段落に書かれています。4文目But my favorite
time was the picnic that we had with all of your friends.から，**4**が正解です。質問の
enjoy the most「最も楽しむ」という表現は，本文にあるmy favorite time「一番気に入っ
た時間」に関連していると見抜くことがポイントです。**3**もヒロトが楽しんだことの1
つですが，最も楽しんだことではないので注意しましょう。　　　　　　**解答：4**

訳 **(3)** ヒロトは再びカナダへ行くときには，何をしたいと思っていますか。

　　1 馬を世話する。　　　　　　　**2** 学校でフランス語を勉強する。
　　3 人々とフランス語で話す。　　　**4** 山の写真を撮る。

解説 次にカナダに行ったときにしたいことは第3段落に述べられています。And on my
next trip to Canada, I hope I'll be able to talk to your friends in French!から，**3**が正
解です。本文のyour friendsが，選択肢ではpeopleと表現されています。　**解答：3**

次のＥメールの内容（ないよう）に関して，**(1)** から **(3)** までの質問（しつもん）に対する答えとして最も適切（てきせつ）なもの，または文を完成させるのに最も適切（てきせつ）なものを **1**, **2**, **3**, **4** の中から一つ選びなさい。

From: Sanae Kurata
To: Kate Miller
Date: May 20
Subject: Some news

Hi Kate,

How are you? Is the weather good in Oregon? Today, I have some good news and bad news. First, I won a prize in a students' photo contest. When I stayed in Oregon last summer, we went camping together. Do you remember I took a lot of pictures then? One of those pictures got the first prize. The bad news is about Tomoko. She moved to Hokkaido with her family last week. So, when you come to Osaka, you will not be able to see her. When are you planning to come to Japan?

Write back soon,
Sanae

From: Kate Miller
To: Sanae Kurata
Date: May 22
Subject: In July

Hi Sanae,

Congratulations on winning the contest! Please show me the picture that got the prize. I'm very sad to hear about Tomoko. I want to write to her. If you know her e-mail address, could you tell me? My dad says we will go to Japan on July 15. We'll stay in Osaka for a week and stay in Tokyo for three days after that. Can you show us around Osaka? I can't wait!

Your friend,
Kate

From: Sanae Kurata
To: Kate Miller
Date: May 23
Subject: OK!

Hi Kate,

Thank you for the e-mail. Of course, I'll show you around my city. There are many interesting places to visit in Osaka. My dad says he can take us somewhere by car on weekends, so please tell me what you and your family want to do in Osaka. We can also go to Kobe or Kyoto if you're interested. Tomoko's e-mail address is tomo@catnet.or.jp.

See you soon,
Sanae

(1) What good news does Sanae have?
   1 She is going to visit Oregon soon.
   2 She enjoyed camping in Oregon.
   3 Her old friend came to visit her.
   4 The picture she took won a prize.

(2) How long is Kate's family going to stay in Osaka?
   1 For three days.
   2 For a week.
   3 For three weeks.
   4 For a month.

(3) Sanae wants to know
   1 when Kate will show her around her town.
   2 when Kate will send an e-mail to Tomoko.
   3 what Kate and her family want to do in Osaka.
   4 who is going to move to Hokkaido.

7
日目

筆記

3
B

ヒント
weather：天気　　First：最初に　　win a prize：賞を取る　　photo contest：写真コンテスト
go camping：キャンプに行く　　remember：〜を覚えている
get the first prize：優勝する，1位になる　　move to 〜：〜に引っ越す
plan to *do*：〜する予定である　　Congratulations on 〜！：〜をおめでとう！
be sad to *do*：〜して悲しい　　write to 〜：〜にEメール［手紙］を書く
e-mail address：Eメールアドレス　　show *A* around *B*：AにBを案内する　　somewhere：どこかへ

送信者：サナエ・クラタ
受信者：ケイト・ミラー
日付：5月20日
件名：お知らせ

こんにちは，ケイト，
元気？　オレゴンは天気がいい？　今日は，いい知らせと悪い知らせがあるのよ。まず，私は学生の写真コンテストで賞を取ったの。昨年の夏に私がオレゴンに滞在したとき，一緒にキャンプに行ったわよね。そのとき私が写真をたくさん撮ったのを覚えてる？　その写真の1枚が1等賞を取ったの。悪い知らせはトモコについてよ。彼女は先週，家族と一緒に北海道に引っ越したの。だから，あなたが大阪に来るとき，彼女には会えないわ。いつ日本に来る予定なの？
すぐに返事を書いてね，
サナエ

送信者：ケイト・ミラー
受信者：サナエ・クラタ
日付：5月22日
件名：7月に

こんにちは，サナエ，
コンテストでの優勝，おめでとう！　賞を取った写真を見せてね。トモコのことを聞いてとても悲しいわ。彼女にお便りを書きたいわ。彼女のEメールアドレスを知っていたら教えてもらえる？私たちは7月15日に日本に行くとお父さんは言っているわ。大阪に1週間滞在して，その後，東京に3日間滞在するのよ。大阪を案内してもらえる？　待ちきれないわ！
あなたの友達，
ケイト

送信者：サナエ・クラタ
受信者：ケイト・ミラー
日付：5月23日
件名：わかったわ！

こんにちは，ケイト，
Eメールをありがとう。もちろん，私の街を案内するわ。大阪には訪れるべき面白い場所がたくさんあるのよ。お父さんが週末に車で私たちをどこかに連れて行ってくれると言っているから，あなたとご家族が大阪で何をしたいのか教えてね。もし興味があれば，神戸や京都にも行けるわよ。トモコのEメールアドレスはtomo@catnet.or.jpよ。
じゃあね，
サナエ

(1) 解答 **4**

サナエにはどんないい知らせがありますか。
1 彼女はまもなくオレゴンを訪れる。
2 彼女はオレゴンでキャンプを楽しんだ。
3 昔からの友達が彼女を訪ねて来た。
4 彼女が撮った写真が賞を取った。

解説 1通目のEメールで，サナエはいい知らせと悪い知らせを書いています。いい知らせについては，4文目に First, I won a prize in a students' photo contest. とあります。続く5文目〜7文目から，「サナエがオレゴンで撮った写真がコンテストで1等賞を取った」ことがわかるので，**4**が正解です。

(2) 解答 **2**

ケイトの家族はどのくらいの間，大阪に滞在しますか。
1 3日間。
2 1週間。
3 3週間。
4 1か月間。

解説 選択肢には期間を表す語句が並んでいます。先に設問をチェックすれば，「期間」に関する部分を意識しながらEメールを読むことができます。ケイトの家族が日本に滞在するスケジュールは，2通目の6文目〜7文目に書かれています。いつ日本に来て，どこにどのくらい滞在するのかを読み取りましょう。大阪での滞在については We'll stay in Osaka for a week とあるので，**2**が正解です。**1**の「3日間」は東京での滞在日数です。

(3) 解答 **3**

サナエが知りたいことは
1 いつケイトが自分に彼女の街を案内してくれるのか。
2 いつケイトがトモコにEメールを送るのか。
3 ケイトと家族は大阪で何をしたいのか。
4 だれが北海道に引っ越すのか。

解説 サナエが書いた3通目のEメールの中ほどに，please tell me what you and your family want to do in Osaka とあります。I want to know ... という表現は使っていませんが，please tell me ...「私に…を教えてね」という形で「知りたいこと」を伝えており，この内容から**3**が正解です。when や what などの疑問詞で始まる選択肢にも慣れておきましょう。

8 日目　　筆記 3 C

読解問題③ ［説明文］

今日の目標

段落ごとに話の流れをつかもう！

筆記 3 C は長い説明文に対して設問が 5 つあり，集中力・持久力が必要となります。まず，タイトルと本文 1 文目から文章の主題（主な内容）をつかみ，段落ごとに内容を理解する練習をしましょう。

ポイント1　よく出るテーマを知ろう

　読解問題の解き方を学ぶ前に，よく出るテーマを見ておきましょう。本文では物事や出来事に関する情報が，時間の流れに沿って「古→新」の順に書かれています。タイトルに書かれたテーマが，段落ごとにどのように展開されていくのかを意識して読みましょう。

【典型的なテーマ】

① 人物の説明文（伝記）

　　タイトルは 人物名

　　➡何をした人物か

　　➡詳細（その人物の生い立ちや経歴，出来事，成功した話や業績など）

　　➡まとめ（現在の様子，故人であれば亡くなった時期など）

② 物・場所・スポーツ・動物などの説明文

　　タイトルは 物などの名前

　　➡その物とは何か

　　➡詳細（歴史，いつ・だれが考案・発明したか，特徴，当初の人々の反応，その後の開発など）

　　➡まとめ（現在の状況など）

③ ある地域のイベント（祭りやコンテストなど）の説明文

　　タイトルは イベントの特徴などを簡潔にまとめたもの

　　➡何のイベントか

　　➡詳細（歴史，いつ・だれが始めたか，特徴，発展の様子など）

　　➡まとめ（現在の様子など）

> 74 ページの例題は①の「人物」，78 ページの練習問題は②の「場所」のパターンだよ！

　どんなテーマでも，だれもが知っている話・内容はあまり問われないので，テーマの人物や場所などを知らなくても焦る必要はありません。設問は本文の情報が読み取れたら解けるようになっています。

ポイント 2 　まず，タイトルと本文 1 文目を読もう

　本文は通常，3 ～ 5 の段落に分かれていて，設問は 5 つあります。まずは，タイトルと本文の 1 文目から本文の主題をつかみましょう。次の流れで解くと効果的です。

> 1. タイトルと本文の 1 文目を読む
> 2. 設問（質問と選択肢）をざっと見て，問われている内容を把握する
> 3. 本文を読み始める

　2. の「設問をざっと見る」では，選択肢をじっくり読む必要はありません。「何が問われているか」，つまり「どんな情報を探しながら本文を読めばいいか」を押さえましょう。

　なお，最後の 5 問目では，What is this story about?「この話は何についてか」という，本文の主題を問う設問がよく出ます。先にこの設問があることを確認したら，本文を読むときに特に主題（主な内容）を意識しましょう。

ポイント 3 　本文中の数字に着目しよう

　数字に関する設問がある場合，本文には数を表す表現がちりばめられています。設問をざっと見たときに，年号や年齢，人口，イベントの来場者数など，「数」に関する問いがあれば，本文を読みながら，数を表す表現に印を付けていくとよいでしょう。

例　質問：What happened in <u>1790</u>?「1790 年に何が起こりましたか」
　　→選択肢は出来事。本文から 1790 の情報を探す。

　　How many people went to the festival in <u>1780</u>?
　　「1780 年に何人の人がその祭りに行きましたか」
　　→選択肢は人数。本文から 1780 の情報を探す。

　　When was Fossett's <u>last flight</u>?「フォセットの最後の飛行はいつでしたか」
　　→選択肢は時（年号）。本文から「最後の飛行」に関する情報を探す。

▶ 74 ページから始まる例題の問題 (4) は When で始まる質問で，選択肢には年号が並んでいます。本文中から「年号」を表す語句をすべて探して，○を付けましょう。

解答：（第 1 段落 1 文目）1944，（第 2 段落 7 文目）1980s，（第 2 段落 8 文目）1993, 2004，（第 2 段落 9 文目）2004，（第 3 段落 4 文目）2002，（第 4 段落 1 文目）2007，（第 4 段落 3 文目）2008

ポイント 4 　本文の表現を言い換えた質問や選択肢に慣れよう

　読解問題で大切なのは，答えを本文中から素早く探し出すことです。選択肢が本文と同じ表現なら比較的簡単ですが，言い換えられた表現が質問や選択肢に使われることもあります。言い換えは読解問題だけでなくリスニングでも使われるので，いくつかのパターンを見ておきましょう。

① 具体的な物 ⇔ まとめた呼び方

carrot / tomato ⇔ vegetable / food, dog / cat ⇔ animal / pet, Chinese / Spanish ⇔ language

例 本文：Last month, Kim started to learn <u>Chinese</u>. 「先月キムは中国語を学び始めました」

➡質問：What did Kim start to do last month?「キムは先月，何をし始めましたか」

➡選択肢：Learn a new <u>language</u>.「新しい言語を学ぶ」

Chinese ➡ languageの言い換え

② 主語の置き換え

例 本文：He couldn't take <u>his wife</u> with him.「彼は妻を連れて行けませんでした」

➡選択肢：<u>His wife</u> could not go with him.「彼の妻は彼と一緒に行けませんでした」

③ 似た意味の語（句）の言い換え

can ⇔ be able to, classmate ⇔ student, many hours ⇔ a lot of time

例 本文：It was his <u>first</u> visit to Africa.「それは彼の最初のアフリカ訪問でした」

➡質問：When did Watson go to Africa <u>for the first time</u>?
「ワトソンはいつ初めてアフリカに行きましたか」

known to many people ⇔ famous

from 1 p.m. to 3 p.m.
⇔after lunch
⇔in the afternoon

good at swimming⇔
a good swimmer⇔
swim well _____

④ 文法関連の言い換え
受動態（受け身）⇔ 能動態

例 本文：<u>Oysters are served</u> raw in many restaurants.
「多くのレストランで，牡蠣は生で出されます」

➡選択肢：Many restaurants <u>serve raw oysters</u>.
「多くのレストランが生牡蠣を出します」

例題 をみてみよう！

Steve Fossett

　Steve Fossett was born in 1944 and grew up in California. His father was a leader of the Boy Scouts,* and Fossett became a Boy Scout, too. He wasn't very good at team sports, but he loved adventures* like mountain climbing. He climbed his first mountain when he was 12.

　When Fossett became older, he went to university in California and studied business. At that time, he was already known as an adventurer. He especially enjoyed climbing mountains and swimming.   After he graduated from university, he worked hard.   He became a successful businessman and made a lot of money.   For many years, he was too busy with work to continue his sports.   But in the 1980s, he got very tired and decided to enjoy adventures again.   From 1993 to 2004, Steve Fossett set 23 world records* in sailing.   In 2004, he became the fastest man to sail around the world without stopping.

Fossett is most famous for his adventures as a pilot.   He set many new world records for flying balloons* and planes.   He often flew alone.   He set his greatest world record in 2002.   He flew a hot air balloon nonstop around the world alone.   It was a flight of about 14 days.

In September 2007, Fossett flew a plane for the last time.   He was alone, and he did not return from his flight.   In October 2008, pieces of his plane were found, and his death was sad news for all adventurers around the world.

* Boy Scout: ボーイスカウト
* adventure: 冒険，アドベンチャー
* record: 記録
* balloon: 気球

(1) When Fossett was in university, he
    1 first climbed a mountain.
    2 moved to California.
    3 studied business.
    4 set many world records.

(2) Why did Fossett start to enjoy adventures again?
    1 He failed in his business.
    2 He was tired from his hard work.
    3 He discovered a new kind of sport.
    4 He made enough money by teaching sports.

(3) What happened in 2002?
    1 Fossett went on his first sailing trip.
    2 Fossett's plane was found on the water.
    3 Fossett flew a balloon around the world alone.
    4 Fossett's plane did not fly well and he gave up.

(4) When was Fossett's last flight?
    1 In 1993.   **2** In 2002.   **3** In 2004.   **4** In 2007.

(5) What is this story about?

1 A man who set world records in sailing and flying.

2 A businessman who made a new kind of sport.

3 The fastest man to climb mountains.

4 The history of hot air balloons and airplanes.

全訳

スティーブ・フォセット

　スティーブ・フォセットは1944年に生まれ，カリフォルニアで育ちました。彼の父親はボーイスカウトのリーダーで，フォセットもボーイスカウトになりました。彼はチームスポーツがあまり得意ではありませんでしたが，山登りのような冒険は大好きでした。彼は12歳のときに初めて山に登りました。

　年を重ね，フォセットはカリフォルニアの大学に通い，ビジネスを学びました。当時，彼はすでに冒険家として知られていました。彼は特に山登りや水泳を楽しみました。大学を卒業後，彼は熱心に働きました。彼は成功した実業家になり，大金を稼ぎました。何年もの間，彼は仕事であまりに忙しく，スポーツを続けることができませんでした。しかし，1980年代になって彼はひどく疲れ，再び冒険を楽しむことに決めました。1993年から2004年までに，スティーブ・フォセットは，帆船での航海において23の世界記録を樹立しました。2004年には，最も速く，止まらずに帆船で世界一周をした人になりました。

　フォセットはパイロットとしての冒険で最も有名です。彼は気球や飛行機で飛行することにおいて多くの世界新記録を樹立しました。彼はよく単独飛行をしました。2002年に彼は，彼の最も偉大な世界記録を樹立しました。彼は熱気球で，単独で止まらずに世界一周をしたのです。それは約14日間の飛行でした。

　2007年9月，フォセットは最後に飛行機を飛ばしました。彼はひとりで，彼はその飛行から戻ることはありませんでした。2008年10月，機体の破片が見つかり，彼の死は世界中のすべての冒険家にとって悲しい知らせとなりました。

訳 **(1)** フォセットが大学生のとき，彼は

　1 初めて山に登った。　　　　**2** カリフォルニアに移った。

　3 ビジネスを勉強した。　　　**4** 多くの世界記録を樹立した。

解説 フォセットの大学時代の話は第2段落にあります。1文目にある he went to university ... and studied business から，大学でビジネスを勉強したことがわかるので，**3** が正解です。第1段落から初めて山に登ったのは12歳のときなので，**1** は不適切です。また，彼はカリフォルニアで育ち，カリフォルニアの大学に通っていたので，**2** も不適切です。

解答：3

訳 **(2)** フォセットはなぜ再び冒険を楽しみ始めましたか。

　1 彼は事業に失敗したから。

　2 彼はきつい仕事で疲れたから。

　3 彼は新しい種類のスポーツを発見したから。

　4 彼はスポーツを教えることで十分なお金を稼いだから。

解説 フォセットが再び冒険を楽しみ始めたきっかけは第2段落の後半に書かれています。6文目のhe was <u>too busy with work</u> to continue his sports から，仕事で忙しかったことが，7文目のhe got very <u>tired</u> and decided to enjoy ... から，そのためひどく疲れたことがわかります。よって，**2**が正解です。　　　　　　　　　　　**解答：2**

訳 **(3)** 2002年に何がありましたか。
　　1　フォセットは初の航海に出た。
　　2　フォセットの飛行機が水上で見つかった。
　　3　フォセットは気球で世界一周単独飛行をした。
　　4　フォセットの飛行機がうまく飛ばず，彼は断念した。

解説 2002年という特定の年に起こったことが尋ねられています。本文から2002という数字を探すと，第3段落4文目にHe set his greatest world record in <u>2002</u>. とあります。その具体的な内容は，続くHe flew a hot air balloon nonstop around the world alone. で述べられていて，この文に相当する**3**が正解です。　　　　　　　**解答：3**

訳 **(4)** フォセットの最後の飛行はいつでしたか。
　　1 1993年。　　**2** 2002年。　　**3** 2004年。　　**4** 2007年。

解説 年号を選ぶ問題です。フォセットの最後の飛行については第4段落に書かれています。1文目In September <u>2007</u>, Fossett flew a plane for the last time. から，**4**が正解です。for the last time は「最後に」という意味で，質問ではこれをlast flight「最後の飛行」と表しています。(3)と同様，先に質問を見ておけば，何年に何があったかを意識しながら読み進めることができます。　　　　　　　　　　　　**解答：4**

訳 **(5)** この話は何についてですか。
　　1　航海と飛行で世界記録を樹立した男性。
　　2　新しい種類のスポーツを作った実業家。
　　3　最も速く山を登る男性。
　　4　熱気球と飛行機の歴史。

解説 本文の主題を問う問題です。まずタイトルのSteve Fossettと本文1文目のSteve Fossett was born in 1944 .... から，スティーブ・フォセットという人物の説明文であることをつかみましょう。第1段落から第2段落にかけて，フォセットが若い頃から冒険好きだったこと，実業家として成功したことが書かれています。そして第2段落の<u>But in the 1980s, ...</u>で話が展開します。冒険を再開したフォセットは，帆船と気球で世界記録（world record）を樹立するという偉業を果たします。よって，**1**が正解です。　　　　　　　　　　　　　　　　　　　　　　　　　**解答：1**

> Butなど話の展開を示す語が出てきたら，その後の内容を注意深く読もう。ここでは，フォセットの偉業という大事な話が書かれているよ。

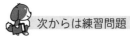

次の英文の内容に関して，(1)から(5)までの質問に対する答えとして最も適切なもの，または文を完成させるのに最も適切なものを 1, 2, 3, 4 の中から一つ選びなさい。

Coldest Land in the World

Antarctica* is the fifth largest and the coldest continent* of all continents on Earth. Antarctica is special in many ways. For example, 98% of its land is covered by ice. Antarctica does not have four seasons. It has a long "summer" and "winter," and both are six months long. The sun does not go down during the summer, and every day is dark during winter. It has very little rain each year, so it is called a "cold desert." Few land plants grow in Antarctica because there is not much sunlight or good soil.

Before this continent was discovered, people in Europe believed that there was a large island in the south. European maps showed this land until British explorer* James Cook traveled south on a ship between 1772 and 1775. He traveled close to the land but had to go back before seeing it because of ice.

The idea of the land south was forgotten for many years after that. During the 19th century, some explorers from different countries found Antarctica. On December 14, 1911, Roald Amundsen and his team finally reached the South Pole.* Traveling in Antarctica was difficult and dangerous, so some had to go back or died during their trip.

Today, hundreds of scientists travel to Antarctica every year to study its nature. By living at science stations, they can spend longer time in the very cold weather. There are even tours for sightseeing. Unfortunately, these human activities can damage the environment in Antarctica. Many countries are now trying to protect its nature.

* Antarctica: 南極（大陸）
* continent: 大陸
* explorer: 探検家
* South Pole: 南極点

- [ ] **(1)** In Antarctica,
  - **1** there are six months in a year.
  - **2** people can't see the sun during summer.
  - **3** it rains very little all year around.
  - **4** there is good soil for plants to grow.

- [ ] **(2)** Before James Cook traveled south on a ship,
  - **1** the land of Antarctica was shown on maps.
  - **2** Antarctica was as hot as a desert.
  - **3** there were many animals living in Antarctica.
  - **4** other explorers already found Antarctica.

- [ ] **(3)** What happened in 1911?
  - **1** James Cook landed on Antarctica.
  - **2** European people started to live in Antarctica.
  - **3** Roald Amundsen reached the South Pole.
  - **4** Some scientists built the first science station.

- [ ] **(4)** What problem does Antarctica have now?
  - **1** There are not enough science stations.
  - **2** Humans are damaging its environment.
  - **3** It gets too cold for people to live in.
  - **4** Scientists can stay there for only one day.

- [ ] **(5)** What is this story about?
  - **1** How the Earth was born.
  - **2** The history of the five continents.
  - **3** A famous explorer who traveled on a ship.
  - **4** The coldest continent covered by ice.

ヒント
land：土地，陸地　　cover：～を覆う　　～ long：～の長さで　　go down：(太陽が) 沈む
little：(量が) ほとんどない　　desert：砂漠　　few：(数が) ほとんどない　　sunlight：日光
soil：土，土壌　　discover：～を発見する　　Europe：ヨーロッパ　　believe that ～：～と信じる
island：島　　European：ヨーロッパの　　until：～するまで (ずっと)　　close to ～：～のすぐ近くへ
because of ～：～が理由で　　forgotten：forget「～を忘れる」の過去分詞
found：find「～を見つける」の過去形　　finally：ついに　　reach：～に到達する
dangerous：危険な　　die：死ぬ　　hundreds of ～：何百もの～　　nature：自然　　station：基地
spend：～を過ごす　　even：～でさえ　　sightseeing：観光　　unfortunately：残念なことに
human：人間の，人間　　activity：活動　　damage：～に損害を与える
environment：(自然) 環境　　try to do：～しようと努める　　protect：～を守る

世界一寒い陸地

　南極大陸は，地球上の全大陸の中で5番目に大きく，最も寒い大陸です。南極大陸は多くの点で特別です。例えば，陸地の98％が氷に覆われています。南極大陸には四季がありません。長い「夏」と「冬」があり，どちらも6か月の長さです。夏の間は太陽が沈まず，冬の間は毎日暗いです。毎年雨がほとんど降らないため，「寒い砂漠」と呼ばれています。日光もよい土壌もあまりないため，南極大陸では陸上植物がほとんど育ちません。

　この大陸が発見される以前，ヨーロッパの人々は南に大きな島があると信じていました。イギリス人探検家ジェームズ・クックが1772年から1775年にかけて船で南下するまで，ヨーロッパの地図はこの陸地を描いていました。彼はその陸地のすぐ近くまで行ったのですが，氷が理由で，それを見る前に引き返さなければなりませんでした。

　その後，何年もの間，南方の陸地という考えは忘れ去られました。19世紀の間に，さまざまな国の探検家たちが南極大陸を発見しました。1911年12月14日，ロアール・アムンセンと彼のチームがついに南極点に到達しました。南極大陸の旅は困難で危険なため，旅の間に引き返さなければならなかったり，命を落としたりする人もいました。

　現在では，南極の自然を研究するために，毎年何百人もの科学者が南極大陸に行っています。科学基地で暮らすことで，彼らは極寒の気候の中でより長い時間を過ごすことができます。観光ツアーさえあります。残念なことに，こうした人間の活動が南極大陸の環境を破壊してしまうこともあります。今，多くの国々がその自然を守ろうとしています。

---

(1) 解答 **3**

南極大陸では，
1 1年は6か月である。
2 夏の間は太陽が見えない。
3 年中雨がほとんど降らない。
4 植物が育つのによい土壌がある。

解説 南極大陸の基本情報が書かれた第1段落からの出題です。7文目のIt has very little rain each yearから，**3**が正解です。It has very little rainをit rains very littleに，each yearをall year aroundに言い換えています。**3**のlittleは「ほとんど～ない」という意味です。4～5文目から，季節は夏と冬の2つで，それぞれ6か月ずつだとわかるので，1年は12か月です。よって，**1**は不適切です。**2**は，6文目にThe sun does not go down during the summer「夏の間は太陽が沈まない」とあるので，「太陽が見えない」は不適切です。また，8文目のthere is not much ... good soilに「よい土壌があまりない」とあるので，**4**も不適切です。この文のnot *A* or *B*は「A も B も～ない」という意味です。

---

(2) 解答 **1**

ジェームズ・クックが船で南下する前，
1 南極大陸の陸地が地図に描かれていた。
2 南極大陸は砂漠のように暑かった。
3 南極大陸にすむ動物がたくさんいた。
4 他の探検家たちがすでに南極大陸を見つけていた。

解説 James Cookの名前が出てくる第2段落からの出題です。問題と同じJames Cook traveled south on a shipという語句を含む2文目に手がかりがあります。European maps showed this land「ヨーロッパの地図はこの陸地を描いていた」とあり，このthis landは南極大陸のことなので，**1**が正解です。本文のshowed this landが，選択肢ではwas shownに言い換えられています。**2**は，南極大陸は雨がほとんど降らないためにdesert「砂漠」と呼ばれているのであって，暑いわけではありません。大陸が氷に覆われていることからも判断できるでしょう。**4**は，他の探検家たちが南極大陸を見つけたのは19世紀になってからなので，Before James Cook traveled south on a shipと合いません。

(3) 解答 **3**

1911年に何がありましたか。
1 ジェームズ・クックが南極大陸に上陸した。
2 ヨーロッパの人たちが南極大陸に住み始めた。
3 ロアール・アムンセンが南極点に到達した。
4 何人かの科学者が最初の科学基地を建てた。

解説 1911年という特定の年に起こったことが尋ねられています。本文から1911という数字を探すと，第3段落3文目にOn December 14, <u>1911</u>, Roald Amundsen and his team finally reached the South Pole.とあり，この文から**3**が正解です。**1**は，第2段落最後の文から，ジェームズ・クックは南極大陸を見る前に引き返した＝上陸を果たせなかったので，不適切です。

(4) 解答 **2**

南極大陸は今，どんな問題がありますか。
1 科学基地が十分にない。
2 人間がそこの環境を破壊している。
3 寒くなりすぎて人が住めない。
4 科学者はそこに1日しか滞在できない。

解説 現在の様子が書かれた第4段落からの出題です。話の展開を示すUnfortunately「（しかし）残念なことに」に着目しましょう。Fortunatelyの後にはよい話，Unfortunatelyの後には悪い話が続きます。ここでもUnfortunately以下に問題点が書かれています。these human activities can damage the environment in Antarctica「こうした人間の活動が南極大陸の環境を破壊してしまうこともある」に近い意味の**2**が正解です。このthese human activities「こうした人間の活動」は，前で述べた科学基地で暮らすことや観光ツアーのことです。

(5) 解答 **4**

この話は何についてですか。
1 どのようにして地球が生まれたか。
2 五大陸の歴史。
3 船で旅した有名な探検家。
4 氷で覆われた最も寒い大陸。

解説 本文の主題を問う問題です。タイトルがColdest Land in the World「世界一寒い陸地」で，本文がAntarctica is ....で始まるので，南極大陸の説明文だとわかります。第1段落3文目の98% of its land is covered by ice「陸地の98％が氷に覆われている」もあわせて考えると，**4**が正解です。**3**の「船で旅した有名な探検家」はジェームズ・クックのことだと考えられますが，これは本文の一部の情報であって，主題としては不適切です。

Eメール問題①

 今日の目標　**問題形式を知り，質問への返事を書こう！**

 筆記4はEメールを読み，その返信メールを書くライティング問題です。まず，問題の指示を理解し，Eメールの読み方，質問への答え方を確認しましょう。

ポイント1　問題の指示を確認しよう

Eメール問題では，次のような指示（解答の条件）の後，友達からのEメールが提示されます。指示の内容を事前に把握していれば，本番では指示を読む時間が省略できます。

- あなたは，外国人の友達（Oliver）から以下のEメールを受け取りました。Eメールを読み，それに対する返信メールを，□□□□□に英文で書きなさい。
- あなたが書く返信メールの中で，友達（Oliver）からの2つの質問（下線部）に対応する内容を，あなた自身で自由に考えて答えなさい。
- あなたが書く返信メールの中で□□□□□に書く英文の語数の目安は，15語〜25語です。

Hi,

Thank you for your e-mail.

I heard that you went to see a movie at a new movie theater. I want to know more about it. <u>How did you go to the theater?</u> <u>And how was the movie?</u>

Your friend,
Oliver

Hi, Oliver!

Thank you for your e-mail.

「メールをありがとう」に続く部分を書くよ。

解答欄に記入しなさい。

Best wishes,

友達のEメールにある I heard that 〜は「〜らしいね，〜だってね」という意味で，この文からEメールの話題をつかみます。

例 I heard that you went to see a movie at a new movie theater.
「新しい映画館に映画を見に行ったんだってね」　➡話題は「映画を見に行ったこと」

I heard that you had a birthday party at your house.
「自宅で誕生日会をしたんだってね」　➡話題は「誕生日会」

ポイント3 2つの質問に対する返事を書こう

友達のEメールには2つの質問（下線部）があり，返信メールではその質問への返事を書く必要があります。質問とその返事の例を見てみましょう。

① How did you go to the theater?　「映画館にはどうやって行ったの？」
　➡返事の例：I went to the theater by bike.　「映画館には自転車で行ったよ」
How did you go [get] to 〜?は交通手段を尋ねる ⇒ by bike「自転車で」，by bus「バスで」
など

> 質問への答え方は88ページの
> 「プラス！」も参照してね。

② How was the movie?　「映画はどうだった？」
　➡返事の例：The movie was exciting.　「映画はわくわくしたよ」
How was 〜?は感想や様子を尋ねる ⇒ great「すばらしい」，exciting「わくわくさせる」など

③ How many people danced on stage?　「舞台では何人が踊ったの？」
　➡返事の例：Twenty people danced on stage.　「20人が舞台で踊ったよ」
How many 〜?は数を尋ねる ⇒数を答える

④ How often do you go to the library?　「図書館にはどれくらいの頻度で行くの？」
　➡返事の例：I go to the library twice a week.　「図書館には週2回行くよ」
How often 〜?は頻度を尋ねる ⇒ once a month「月1回」，every Friday「毎週金曜日に」など

⑤ How long did you stay in Taiwan?　「台湾にはどれくらいの間滞在したの？」
　➡返事の例：I stayed in Taiwan for a week.　「台湾には1週間滞在したよ」
How long 〜?は期間や長さを尋ねる ⇒ for 〜「〜の間」や〜 long「〜の長さで」を使って答える

✏ 次の質問への返事を自由に考えて，____に語句を入れて英文を完成させましょう。
How many friends did you invite to the party?

➡I invited _____ to the party.

訳と解答例

「パーティーには何人の友達を招待したの？」
I invited five friends to the party.「パーティーには5人の友達を招待したよ」

9
日目

筆記

4

Hi,

Thank you for your e-mail.
I heard that you had a nice Christmas with your family. I want to know more about it. <u>How many presents did you get?</u> <u>And what present did you like the best?</u>

Your friend,
Harry

> 語数の目安は15語〜25語で，文の数は指定されていないよ。

Hi, Harry!

Thank you for your e-mail.

解答欄に記入しなさい。

Best wishes,

解答例) I had a great time! <u>I got ten presents.</u> <u>I liked the smartphone case the best.</u> My uncle gave it to me.

(22語)

> 2つの質問への返事になっている下線部を確認しよう。
> 解答全体の書き方は10日目で学ぶよ。

訳) やあ。メールをありがとう。家族とすてきなクリスマスを過ごしたんだってね。それについてもっと知りたいな。プレゼントは何個もらった？　何のプレゼントが一番気に入った？　あなたの友達，ハリー

やあ，ハリー！　メールをありがとう。楽しい時を過ごしたよ！　<u>プレゼントは10個もらった。スマホケースが一番気に入ったよ。</u>おじがそれをくれたんだ。じゃあね。

解説) まず，友達のEメールのI heard that 〜から「家族とすてきなクリスマスを過ごした」という話題をつかみましょう。
　　解答例の下線部が質問への返事です。1つ目の質問のHow many 〜?ではもらったプレゼントの数が尋ねられているので，〈I got + 数 + presents.〉で答えます。数字もできるだけ英語のつづりで書くようにしましょう。
　　2つ目の質問のwhat present 〜?ではもらったプレゼントの中で一番気に入ったものが尋ねられています。質問の表現に合わせて，〈I liked + もの + the best.〉で答えましょう。

📝 この例題の2つの質問に対して,理子さんは次のような内容を考えました。次のメモをもとに,___に1語ずつ書き入れ,理子さんの返事の英文を完成させましょう。

【理子さんのメモ】
質問1 「プレゼントは何個もらった?」…5個
質問2 「何のプレゼントが一番気に入った?」…筆箱

【理子さんの返事】
質問1：How many presents did you get?　➡ I got _____ presents.

質問2：And what present did you like the best?

　　　　　➡ I liked the _____ _____ the best.

解答：five（プレゼントは5個もらった）/ pencil case（筆箱が一番気に入った）

📝 例題の解答例や上の理子さんの英文を参考に,今度は自分自身の解答を書いてみましょう。まず,次の空所を日本語で埋めましょう。架空の話なので,自分の経験や事実を考慮する必要はありません。プレゼントの「数」も一番気に入った「もの」も,自由に想像してみてください。そのとき,つづりに自信のある単語を使うことがポイントです。

質問1　プレゼントは何個もらった?　[　　　　　　個]

質問2　何のプレゼントが一番気に入った?

[　　　　　　　　　　　　　　　　　　　　　　]

9
日目

筆記

4

質問2は「一番気に入った」だから,答えは複数ではなく1つにしてね。

【あなたの解答】
解答を完成させましょう。理子さんの返事の英文を参考にして,上で書いた日本語をもとに,___に英文を1つずつ書き入れましょう。

I had a great time! _____.

_____. My uncle gave it to me.

[　　]語

書き終わったら,次の2点を確認しましょう。
① 文章全体を読み返しましょう。返信メールとして自然な流れになっていますか?
② 解答全体の語数を数えて,[　]に書き入れましょう。15語～25語になっていますか?

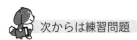

- あなたは，外国人の友達（Grace）から以下のEメールを受け取りました。Eメールを読み，それに対する返信メールを，◻️◻️に英文で書きなさい。
- あなたが書く返信メールの中で，友達（Grace）からの2つの質問（下線部）に対応する内容を，あなた自身で自由に考えて答えなさい。
- あなたが書く返信メールの中で◻️◻️に書く英文の語数の目安は，15語～25語です。
- 解答は，右のEメール解答欄に書きなさい。なお，解答欄の外に書かれたものは採点されません。
- 解答が友達（Grace）のEメールに対応していないと判断された場合は，0点と採点されることがあります。友達（Grace）のEメールの内容をよく読んでから答えてください。
- ◻️◻️の下のBest wishes,の後にあなたの名前を書く必要はありません。

Hi,

Thank you for your e-mail.
I heard that you went swimming in the sea last weekend. I want to know more about it. How was the weather? And how long did you stay at the beach?

Your friend,
Grace

Hi, Grace!

Thank you for your e-mail.

解答欄に記入しなさい。

Best wishes,

9日目で学んだことを生かして，返信メールの解答を書きましょう。2つの質問への返事を書いても15語に満たない場合は，下のヒントを参考にして，15語〜25語に収めましょう。

Eメール解答欄

5
10

ヒント

「楽しかった」を表す表現の例

| ～ was fun | ～ was exciting | I enjoyed ～ | I enjoyed *do*ing |
| I had fun | I had a lot of fun | I had a great time | |

※質問に対する直接的な返事を書いて，15語〜25語に収まっていて，かつ自然な文章になっていれば問題ありませんが，語数が足りない場合は，上のような表現を使って感想や「楽しい」という気持ちを加えると，返信メールとしてより自然な文章になります。詳しくは10日目で学習します。

解答例

I had a lot of fun! The weather was great. I stayed at the beach for five hours. I really enjoyed swimming!

(22語)

> こんにちは。メールをありがとう。先週末，海に泳ぎに行ったんだってね。それについてもっと知りたいな。天気はどうだった？　ビーチにはどれくらいの間いたの？　あなたの友達，グレース

> こんにちは，グレース！　メールをありがとう。**とても楽しかったよ！　天気はすばらしかった。ビーチには5時間いたよ。泳ぐのをすごく楽しんだよ！**　じゃあね。

解説　まず，友達のEメールのI heard that 〜から，「海に泳ぎに行った」という話題をつかみましょう。

1つ目の質問のHow was the weather?ではビーチの天気がどうだったかを尋ねています。解答例のThe weather was great.のほか，It was sunny all day.「一日中晴れていたよ」，It was cloudy but very hot.「くもっていたけど，とても暑かったよ」などと答えることができます。

2つ目の質問はhow long 〜?で，ビーチにいた時間を尋ねています。質問の表現に合わせて，〈I stayed at the beach for＋数＋hours.〉の形で答えることができます。

この解答例では，The weather was great. I stayed at the beach for five hours.だけでは15語に足りないので，前と後ろに「楽しかった」ことを表す文を1つずつ足しています。どちらか片方でもかまいません。書き終わったら自然な流れの文章になっていることを確かめましょう。

プラス！　【代名詞の使い方に注意】

How was the weather?に対し，会話のやりとりならIt was nice.「よかったよ」やIt was great.「すごくよかったよ」など，It was 〜.で答えるのが通常ですが，ここでは返信メールの文章の一部であることに注意が必要です。もし，I had a lot of fun! It was great. I stayed ....と書くと，何がgreatだったのか，意味が曖昧になりますね。だから，Eメール問題でHow was the weather? / How was the food? / How was the game?などと聞かれたら，返事ではThe weather [food / game] was 〜.と書くようにしましょう。

> 2つの質問に答えられているかだけでなく，返信メールとして自然な英文になっているかも大事なんだね。

Eメール問題②

情報を追加して，より自然な返信メールにしよう！

2つの質問への返事を書いても語数（最低15語）が足りない場合，情報を追加する必要があります。今日は，情報の追加のしかたを学びましょう。

ポイント 1 ## 返事の内容をふくらませよう

9日目の例題に出てきた質問と解答例をもう一度見てみましょう。

What present did you like the best?　「何のプレゼントが一番気に入った？」

➡ I liked the smartphone case the best. My uncle gave it to me.

「スマホケースが一番気に入ったよ。おじがそれをくれたんだ」

質問に対して「〇〇が一番気に入った」と答えるだけでもよいのですが，この解答例の「おじがそれをくれたんだ」のように，質問への返事について説明を加えることができます。説明を加えるとき，the smartphone case→itのように，名詞を代名詞に変えることがポイントです。I got it from my uncle.「おじからそれをもらったんだ」と表すこともできます。

> 語数が15語に足りないときは，返事の内容をふくらませてみよう。
> 1文を長くしてもいいし，2文にしてもいいよ。

また，9日目の練習問題にHow was the weather?「天気はどうだった？」という質問がありました。これに対して，The weather was great.「天気はすばらしかった」と答えるだけでもよいですが，It was very hot.「とても暑かった」のように，もう少し情報を足して内容をふくらませることができます。

ほかの例を見てみましょう。

話題：新しくオープンしたレストランに行った。

How was the food?「料理はどうだった？」

┌ 2文目でfoodを具体的に補足説明している

➡ The food was nice! I ordered the beef sandwich, and it was delicious!

「料理はよかったよ！　ビーフサンドを注文して，とてもおいしかった！」

食べ物など「もの」は自由に選んでよいのですが，「3級にふさわしい語彙」が評価されることから，pizzaやcakeのような易しい語よりも，もう少しつづりが複雑な語を積極的に選んで書いてみましょう。

　語数を増やすために，話題に対するコメント（感想など）を加えることもできます。たとえば，9日目の例題と練習問題の解答例は I had a great time! / I had a lot of fun! で始まっていました。これはそれぞれの話題「家族と過ごしたクリスマス」「海水浴」に対する感想になっています。

　さらに，練習問題の解答例の最後の I really enjoyed swimming! も海水浴の感想と言えます。このように，感想を入れるのは文章の最初でも途中でも最後でも構いません。解答全体が返信メールとして自然な流れになっていることが重要です。

解答例の構成を見てみましょう。

【例題】

I had a great time! I got ten presents. I liked the smartphone case the best. My uncle gave it to me. （22語）

「楽しい時を過ごしたよ！　プレゼントは10個もらった。スマホケースが一番気に入ったよ。おじがそれをくれたんだ」

1文目：感想
2文目：1つ目の質問への返事
3文目：2つ目の質問への返事
4文目：2つ目の返事の補足説明

【練習問題】

I had a lot of fun! The weather was great. I stayed at the beach for five hours. I really enjoyed swimming! （22語）

「とても楽しかったよ！　天気はすばらしかった。ビーチには5時間いたよ。泳ぐのをすごく楽しんだよ！」

1文目：感想
2文目：1つ目の質問への返事
3文目：2つ目の質問への返事
4文目：感想

【練習問題の別解】

The weather was nice. It was fun to swim in the sea. I stayed at the beach for two hours. （20語）

「天気はよかったよ。海で泳ぐのは楽しかった。ビーチには2時間いたよ」

1文目：1つ目の質問への返事
2文目：感想
3文目：2つ目の質問への返事

これは「感想」が途中に入っているね！

➡ 1つの質問への返事を2文で書く練習をしましょう。1文目は質問への直接的な返事で，2文目で説明を加えます。日本語をもとに，＿＿に1語ずつ書き入れて，英文を完成させましょう。

1. I heard that you went to the new shopping mall. <u>What did you buy at the mall?</u>
「新しいショッピングモールに行ったんだってね。モールでは何を買ったの？」

➡ I _____ a travel _____ . I _____ _____ for my school trip.
「旅行バッグを買ったよ。修学旅行で必要なんだ」
※過去の出来事について書くときは，動詞は過去形になります。
※前の文の名詞をit や them や there で表しましょう。

2. I heard that you went to see a game of our school's baseball team. <u>How was the game?</u>
「うちの学校の野球チームの試合を見に行ったんだってね。試合はどうだった？」

➡ The game _____ _____! Our school's _____ _____!
「試合はわくわくしたよ！　うちの学校のチームが勝ったよ！」

解答：1. bought / bag / need it　2. was exciting / team won

例題 をみてみよう！ ....

Hi,

Thank you for your e-mail.
I heard that you started to take tennis lessons. I want to know more about it. <u>How did you find your coach?</u> <u>And how often do you have a lesson?</u>

Your friend,
Daisy

Hi, Daisy!

Thank you for your e-mail.

解答欄に記入しなさい。

Best wishes,

10
日目

筆記

4

解答例 I found my coach online. I have a lesson every Monday after school.
It is fun!

(16語)

> 「返事1」 → 「返事2」 → 「感想」
> の3文で書かれているね。

訳 こんにちは。メールをありがとう。テニスのレッスンを受け始めたんだってね。それについてもっと知りたいな。コーチはどうやって見つけたの？　どれくらいの頻度でレッスンがあるの？　あなたの友達，デイジー

- -

こんにちは，デイジー！　メールをありがとう。コーチはオンラインで見つけたんだ。レッスンは毎週月曜日の放課後にあるよ。楽しいよ！　じゃあね。

解説 まず，友達のEメールのI heard that ～から「テニスのレッスンを受け始めた」という話題をつかみましょう。
　1つ目の質問ではコーチを見つけた方法を尋ねており，解答例ではonline「オンラインで」と答えています。
　2つ目の質問のhow often ～?は頻度を尋ねる表現で，every Monday「毎週月曜日に」やonce a week「週に1回」などを使って答えます。
　解答例では2つの返事の後，3文目で「楽しいよ！」と感想を加えて締めくくっています。

✏️ この例題に対して，蓮さんは次のような内容を考えました。次のメモをもとに，＿＿に1語ずつ書き入れ，蓮さんの解答の英文を完成させましょう。

【蓮さんのメモ】
質問1 「コーチはどうやって見つけたの？」…レッスンを受けている友達が教えてくれた
質問2 「どれくらいの頻度でレッスンがあるの？」…毎週日曜日の午前
感想…テニスをするのは楽しい

【蓮さんの解答】

My ＿＿＿＿＿＿ takes tennis ＿＿＿＿＿＿ and told me about the ＿＿＿＿＿＿.

I have a ＿＿＿＿＿＿ every ＿＿＿＿＿＿ morning. I enjoy ＿＿＿＿＿＿ tennis!

(22語)

解答：friend / lessons / coach / lesson / Sunday / playing （友達がテニスのレッスンを受けていて，コーチについて教えてくれたんだ。毎週日曜日の午前にレッスンがあるよ。テニスをするのは楽しいよ！）

■▷ 例題の解答例や蓮さんの解答を参考に，今度は自分自身の解答を書いてみましょう。まず，次の空所を日本語で埋めて，その後，英文を書きましょう。

質問1　コーチはどうやって見つけたの？

質問2　どれくらいの頻度でレッスンがあるの？

感想

【あなたの解答】

_____

_____

_____ 15

_____

_____ 25

10
日目

筆
記

4

● あなたは，外国人の友達（Ethan）から以下のＥメールを受け取りました。Ｅメールを読み，それに対する返信メールを，☐☐☐に英文で書きなさい。

● あなたが書く返信メールの中で，友達（Ethan）からの２つの質問（下線部）に対応する内容を，あなた自身で自由に考えて答えなさい。

● あなたが書く返信メールの中で☐☐☐に書く英文の語数の目安は，15語〜25語です。

● 解答は，右のＥメール解答欄に書きなさい。なお，解答欄の外に書かれたものは採点されません。

● 解答が友達（Ethan）のＥメールに対応していないと判断された場合は，0点と採点されることがあります。友達（Ethan）のＥメールの内容をよく読んでから答えてください。

● ☐☐☐の下のBest wishes, の後にあなたの名前を書く必要はありません。

Hi,

Thank you for your e-mail.
I heard that you started to learn a new language. I want to know more about it. What language did you start to learn? And why are you learning it?

Your friend,
Ethan

Hi, Ethan!

Thank you for your e-mail.

解答欄に記入しなさい。

Best wishes,

Ｅメール解答欄

5

10

解答例

I started to learn German.　I want to go to Germany to study music in the future.　Studying a new language is hard but fun!

(25語)

> やあ。メールをありがとう。新しい言語を習い始めたんだってね。それについてもっと知りたいな。何語を習い始めたの？　どうしてそれを学んでいるの？　あなたの友達，イーサン

> やあ，イーサン！　メールをありがとう。**ドイツ語を習い始めたんだ。将来，音楽を学びにドイツに行きたいんだ。新しい言語を勉強するのは大変だけど，楽しいよ！**　じゃあね。

解説　まず，友達のEメールのI heard that ～から，「新しい言語を習い始めた」という話題をつかみましょう。この文のnewは「新しい，初めての」という意味で，英語はすでに学んでいるので，うまく理由が書けそうな英語以外の言語を自由に選んで答えましょう。

1つ目の質問には，質問の表現を使って〈I started to learn ＋言語.〉で答えることができます。

2つ目の質問のwhy ～?では，その言語を学んでいる理由が問われています。解答例では2文目のI want to ....がその理由になります。質問のare you learning itという表現を利用して，I'm learning it because I want to ～「～したいからそれを習っているんだ」とすることもできます。また，2つの質問への返事は1文ずつ書くといった決まりはないので，I started to learn German because I want to ～「～したいからドイツ語を習い始めたんだ」と1文にまとめて書くこともできます。

解答例では，2つの質問への返事を書いた後，友達のEメールのa new languageを利用して，「新しい言語を勉強するのは大変だけど，楽しい」という感想を加えて締めくくっています。

プラス！　**【情報の追加のしかた】**

たとえば，解答をI started to learn German.　I'm learning it because I want to go to Germany to study music in the future.と書いたとします。2文しかないですが，これだけで21語あり，「～したい」という「気持ち」が含まれていて，返信メールとして自然に読むことができます。

一方，質問への返事として事実だけを淡々と書くと無愛想な印象を与える可能性があります。そういうときは，「感想」「気持ち」などを含めるとより自然な返信メールになります。

たとえば91ページの例題に対して，次のような解答を書いたとします。

I found my tennis coach on the Internet.　I have a lesson once a week.（15語）

「テニスコーチはインターネットで見つけたよ。レッスンは週に1回あるよ」

この解答は語数を満たしていて，きちんと2つの質問への返事が含まれていますが，事実しか書かれていないので，返信メールを読んだ友達は「楽しいの？　楽しくないの？」と思いそうです。

返信メールを読む友達が知りたいこと（I want to know more about it.）は何かを理解したうえで，読む相手の気持ちになって書くことを心がけましょう。

> 友達が知りたがっていることは何だろう？→それを伝えよう！という気持ちで返信メールを書くといいよ。

英作文問題①

今日の目標　問題形式を知り，解答の書き方を確認しよう！

筆記 5 の英作文は，自分の考えを書く問題です。まず，問題の指示を理解し，どんな構成で英文を書けばよいのかを確認しましょう。

ポイント 1　問題の指示を確認しよう

英作文問題では，次のような指示の後に QUESTION（質問）が提示されます。この指示を事前に把握していれば，本番では指示を読む時間が省略できます。

● あなたは，外国人の友達から以下の QUESTION をされました。
● QUESTION について，あなたの考えとその理由を 2 つ英文で書きなさい。
● 語数の目安は 25 語〜35 語です。

QUESTION

Which do you like better, art or science?

語数の目安は 25 語〜35 語で，文の数は指定されていないよ。

ポイント 2　2 つの理由は定型表現を使って書こう

上の指示によると，書く内容は「自分の考え」と「理由 1」「理由 2」の 3 点です。それらを適切なつなぎ言葉を使って，相手に伝わりやすい，まとまりのある英文で書きます。

【解答の構成】

① 自分の考え：QUESTION に対する自分の考え（直接的な答え）を簡潔に書く

② 理由 1：①で書いた考えの理由を書く

③ 理由 2：①で書いた考えの別の理由を書く

2 つの理由の書き方にはさまざまな形がありますが，ここでは，because を使った書き方と，First, ... Second, ... を使った書き方の 2 通りを見てみましょう。

QUESTION

Which do you like better, art or science?

「あなたは美術と理科ではどちらの方が好きですか」

1. 1つ目の理由にbecauseを使うパターン

　自分の考えを書いた後に，because「（なぜなら）～だから」を使って1つ目の理由を書くことができます。2つ目の理由はAlso, ...の形で書くと，理由が2つあることが伝わりやすいです。

> （自分の考え）because（理由1）....　Also,（理由2）....
> 「（自分の考え）です。なぜなら…だからです。また，…（だからです）」

I like art better <u>because</u> it is fun for me to draw pictures.　I especially like to draw with crayons.　<u>Also,</u> I like to make things with clay.　　　　　　　　　　　（28語）
「私は美術の方が好きです。なぜなら私にとって絵を描くことは楽しいからです。特にクレヨンで描くことが好きです。また，粘土で物を作ることも好きです」

> Which do you like better, *A* or *B*?「AとBとでは，どちらの方が好きですか」の質問には，I like ～（AまたはB）betterの形で始めよう。

✏▶ 上の文を参考にして，次の内容を英文で表してみましょう。

どっちが好き？…理科
理由…惑星について学ぶことは楽しいから

I ＿＿＿＿＿＿＿ ＿＿＿＿＿＿＿ better because ＿＿＿＿＿＿＿ about planets

＿＿＿＿＿＿＿ fun for me.

解答：like science / learning / is

2. 2つの理由をFirst, ...　Second, ...で書くパターン

　First, ...　Second, ...という定型表現を使って書きます。理由を書く前にI have two reasons.「理由は2つあります」という表現を入れることもできます。

> I have two reasons.　First,（理由1）....　Second,（理由2）....
> 「理由は2つあります。第1に，…。第2に，…」

I like science better.　<u>I have two reasons.</u>　<u>First,</u> I like space.　Learning about the earth and other planets is fun for me.　<u>Second,</u> I also like living things.　I'm especially interested in insects.　　　　　　　　　　　（34語）
「私は理科の方が好きです。理由は2つあります。第1に，私は宇宙が好きです。地球やその他の惑星について学ぶことは私にとって楽しいです。第2に，私は生き物も好きです。特に昆虫に興味があります」

　パターンを2つ見ましたが，重要なのは「相手に伝わりやすい英文」を書くことです。英文全体の構成がわかりにくいと判断されると減点になるので，できるだけ適切なつなぎ言葉を使って書くことを心がけましょう。

例題 をみてみよう！

QUESTION

Which do you like better, going to a swimming pool or going to the movies?

（解答例） I like going to a swimming pool better because I like swimming. It is fun for me to swim with my friends. Also, swimming is good for my health.

（29語）

> becauseと Also, ... を使って書か
> れているね！

（訳）　**QUESTION**

あなたは水泳プールに行くのと映画を見に行くのとでは，どちらの方が好きですか。

私は水泳プールに行く方が好きです。なぜなら，水泳が好きだからです。私にとって友達と一緒に泳ぐことは楽しいです。また，水泳は私の健康によいです。

（解説）　QUESTIONでは，「水泳プールに行くこと」と「映画を見に行くこと」のどちらの方が好きかを尋ねられています。

　まず，1文目ではQUESTIONに対する自分の答えを書きます。Which do you like better, *A* or *B*?の質問には，I like ～ better. で答えましょう。

　次に，その1つ目の理由を書きます。解答例では，I like ～ better <u>because</u> ....の形で1つ目の理由を答えています。このとき，I like swimming「水泳が好き」だけだと理由として不十分なので，解答例のIt is fun for me to swim with my friends.のように，説明を加えるようにしましょう。It is ～ (for me) to *do*「（私にとって）…することは～だ」はライティングで使える便利な表現なので，書けるようにしておくとよいです。

　続いて2つ目の理由を書きます。解答例のように，because を使って1つ目の理由を書いた場合, Also, ... で2つ目の理由を書くとよいです。解答例では，「健康によい」という「水泳の利点」を説明しています。

11
日目

筆
記

5

▶ 上の例題に対して，舞さんは，「映画を見に行く方が好き」という立場で解答を書きました。次のメモをもとに，舞さんになったつもりで，英文を完成させましょう。

どっちが好き？…映画を見に行くこと
理由1…映画館で映画を見ることはわくわくするから
理由2…映画からたくさんのことが学べるから

99

【舞さんの解答】

I like ＿＿＿＿＿＿＿ ＿＿＿＿＿＿＿ ＿＿＿＿＿＿＿ ＿＿＿＿＿＿＿ better. I have two

reasons. First, it ＿＿＿＿＿＿ exciting for me ＿＿＿＿＿＿ see a movie in a

theater. Second, I can ＿＿＿＿＿＿ many things ＿＿＿＿＿＿ movies.　　（32語）

解答：going to the movies / is / to / learn / from（私は映画を見に行く方が好きです。理由は2つあります。第1に，私にとって映画館で映画を見ることはわくわくします。第2に，私は映画からたくさんのことが学べます）

> It is ～ for me to *do*「私にとって…することは～だ」を使ってみよう。

✏️▶ 例題の解答例や上の舞さんの英文を参考に，今度は自分自身の解答を書いてみましょう。まず，次の空所を日本語で埋めて，その後，英文を書いてみましょう。

どっちが好き？ ＿＿＿＿＿＿＿＿＿＿＿＿＿

理由1 ＿＿＿＿＿＿＿＿＿＿＿＿＿＿＿＿＿＿＿＿＿＿＿＿＿＿

理由2 ＿＿＿＿＿＿＿＿＿＿＿＿＿＿＿＿＿＿＿＿＿＿＿＿＿＿

> 本番でもメモを書いて頭の中で整理してから英文を組み立てるといいよ！

【あなたの解答】

＿＿＿＿＿＿＿ ＿＿＿＿＿＿＿ ＿＿＿＿＿＿＿ ＿＿＿＿＿＿＿ ＿＿＿＿＿＿

＿＿＿＿＿＿＿ ＿＿＿＿＿＿＿ ＿＿＿＿＿＿＿ ＿＿＿＿＿＿＿ ＿＿＿＿＿＿

＿＿＿＿＿＿＿ ＿＿＿＿＿＿＿ ＿＿＿＿＿＿＿ ＿＿＿＿＿＿＿ ＿＿＿＿＿＿

＿＿＿＿＿＿＿ ＿＿＿＿＿＿＿ ＿＿＿＿＿＿＿ ＿＿＿＿＿＿＿ ＿＿＿＿＿＿

＿＿＿＿＿＿＿ ＿＿＿＿＿＿＿ ＿＿＿＿＿＿＿ ＿＿＿＿＿＿＿ ＿＿＿＿＿＿ 25

＿＿＿＿＿＿＿ ＿＿＿＿＿＿＿ ＿＿＿＿＿＿＿ ＿＿＿＿＿＿＿ ＿＿＿＿＿＿

＿＿＿＿＿＿＿ ＿＿＿＿＿＿＿ ＿＿＿＿＿＿＿ ＿＿＿＿＿＿＿ ＿＿＿＿＿＿ 35

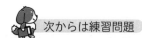 次からは練習問題

●あなたは，外国人の友達から以下の**QUESTION**をされました。

●**QUESTION**について，あなたの考えとその理由を2つ英文で書きなさい。

●語数の目安は25語～35語です。

●解答は，下の英作文解答欄に書きなさい。なお，解答欄の外に書かれたものは採点されません。

●解答が**QUESTION**に対応していないと判断された場合は，0点と採点されることがあります。**QUESTION**をよく読んでから答えてください。

QUESTION

Which do you like better, cycling or hiking?

英作文解答欄

5

10

解答例 ①

I like cycling better. First, I feel good when I ride my bike on sunny days. Second, there is a good cycling course near my house. I often go there with my family.　　(33語)

> **QUESTION**
>
> あなたはサイクリングとハイキングでは，どちらの方が好きですか。
>
> 私はサイクリングの方が好きです。第1に，晴れた日に自分の自転車に乗るのは気分がよいです。第2に，私の家の近くによいサイクリングコースがあります。私は家族でよくそこへ行きます。

解説　QUESTIONでは，「サイクリング」と「ハイキング」のどちらの方が好きかを尋ねられています。Which do you like better, *A* or *B*?のパターンの質問では，AもBも好きではない人もいるかもしれません。その場合でも，AとBを比較して，それぞれの特徴や「よいところ」「悪いところ」を考えると理由が書きやすくなります。

　まず，1文目ではQUESTIONに対する自分の答えを書きます。解答例は，I like cycling better.「サイクリングの方が好き」と答えた後，First, ... Second, ...という形で理由を2つ書いています。1つ目の理由は，「晴れた日に自分の自転車に乗るのは気分がよい（からサイクリングが好き）」という意味です。2つ目の理由は，「私の家の近くによいサイクリングコースがある」と書いていますが，これだと「ある」という事実を書いているだけで，理由としてはもう一歩なので，I often go there with my family.と補足しています。「私は家族でよくそこ（＝サイクリングコース）へ行く」はサイクリングが好きなことについての説明になっています。

> プラス！ **【英作文で使える表現】**
>
> 　解答例にあるwhen「～するとき」はいろいろなテーマで使える便利な表現です。理由を書くときに，whenやafterなどの接続詞を使って，〈接続詞＋主語＋動詞〉の形で1文を長くできるか考えてみましょう。
>
> 他の例：I feel excited <u>when</u> my favorite team wins.
> 　　　　「私は大好きなチームが勝つとわくわくします」
>
> また，on ～ days「～な日に」もいろいろな場合に使えます。
>
> 他の例：I like eating ice cream <u>on hot days</u>.
> 　　　　「私は暑い日にアイスクリームを食べるのが好きです」

解答例 ②

I like hiking better than cycling. First, it is easier to stop and look at flowers and birds. Second, the view is beautiful when I go up high places.　　(29語)

> 私はサイクリングよりもハイキングの方が好きです。第1に，立ち止まって花や鳥を見るのがより簡単です。第2に，高いところに行くと景色がきれいです。

> when「～するとき」の使い方を確認しよう。

英作文問題②

いろいろなQUESTIONに答えよう！

Which以外の疑問詞で始まる疑問文やDo you ～?の形の疑問文など，いろいろなQUESTIONに答える練習をすることで，英作文の力を養いましょう。また，「適切な理由」について考えてみます。

ポイント1　疑問詞で始まるQUESTIONに答えよう

11日目では，Which do you like better, *A or B*?の形のQUESTIONを学びました。ここでは，いろいろな疑問詞を使ったQUESTIONとその答え方を確認しましょう。

➡️ 次の質問にそれぞれあなた自身の答えを1文で書きましょう。

1. *Which season do you like the best?*

_____

2. *When do you usually do your homework?*

_____

3. *Where is your favorite place?*

_____

4. *What kind of movies do you like to watch?*

_____

> 4のWhat kind of ～?は種類やジャンルを尋ねる表現だよ。

訳と解答例

1.「あなたはどの季節が一番好きですか」
　I like <u>summer</u> the best.「私は夏が一番好きです」
2.「あなたはふだんいつ宿題をしますか」

I usually do my homework <u>before dinner</u>.「私はふだん<u>夕食前に</u>宿題をします」

3.「あなたの一番好きな場所はどこですか」

My favorite place is <u>my room</u>.「私の一番好きな場所は<u>自分の部屋</u>です」

4.「あなたはどんな種類の映画を見るのが好きですか」

I like to watch <u>action movies</u>.「私は<u>アクション映画</u>を見るのが好きです」

> 下線部分に自分自身の答えを入れてみよう。

▶ 次の質問に対するあなたの考えを書きましょう。because の後に理由を 1 つ続けてみましょう。

What month do you like the best?

I _____ because

_____.

訳と解答例

「あなたは何月が一番好きですか」

I like August the best **because** my birthday is in August.
「私は 8 月が一番好きです。なぜなら私の誕生日は 8 月だからです」

ポイント2 Yes / No で答える QUESTION に答えよう

疑問詞ではなく，Do you で始まる QUESTION もよく出題されます。Do you 〜? の形の質問に対しては，Yes または No で答える点が大きな違いですが， 2 つの理由の書き方は疑問詞で始まる疑問文と同じです。例を見てみましょう。

QUESTION

Do you like hiking in nature?「あなたは自然の中でハイキングをするのは好きですか」

【Yes の場合】

Yes, I do. (I have two reasons.) First, ... Second, ...

「はい，好きです。(理由は 2 つあります。) 第 1 に，…。第 2 に，…」

Yes, I like hiking in nature. First, ... Second, ...

「はい，私は自然の中でハイキングをするのが好きです。第 1 に，…。第 2 に，…」

【No の場合】

No, I don't. (I have two reasons.) First, ... Second, ...

「いいえ，好きではありません。(理由は 2 つあります。) 第 1 に，…。第 2 に，…」

✏️▶ 前ページの解答の構造を参考に，次のQUESTIONに対するあなたの解答を完成させましょう。

QUESTION

Do you like playing sports?

_____ I have two reasons.
└─Yes, I do. またはNo, I don't. と書こう。

First, _____

Second, _____

訳と解答例

「あなたはスポーツをすることが好きですか」

Yes, I do. I have two reasons. First, I'm good at sports. I like playing soccer with my
friends. Second, I feel good after I run a lot. (28語)

「はい，好きです。理由は2つあります。第1に，私はスポーツが得意です。友達と一緒にサッカーをするのが好きです。第2に，たくさん走った後は気分がよいです」

> when, after, ifなどの接続詞が使える
> とレベルの高い英文になるよ。

ポイント3　適切な理由を考えよう

　11日目では2つの理由を定型表現にあてはめて書く方法を学びました。ここではもう少し詳しく，「理由が適切かどうか」について考えてみます。

QUESTION

Do you like hiking in nature?「あなたは自然の中でハイキングをするのは好きですか」

┌理由1
よい例：Yes, I do. I have two reasons. First, I feel relaxed when I walk in nature.
　　　　Second, I like taking pictures of flowers and animals in nature.
　　　└理由2

「はい，好きです。理由は2つあります。第1に，私は自然の中を歩くとリラックスした気分になります。第2に，私は自然の中で花や動物の写真を撮るのが好きです」

　Yesの答えなので，理由を2つ挙げるときは，2つとも「自然の中でハイキングをするのが好きな理由」でなければなりません。上の解答例では，2つとも理由がはっきりと伝わりますね。適切な理由としては他に，「きれいな景色が見られる」や「健康によい」など，「自然の中のハイキングでできること」や「ハイキングのよい点」を考えるとよいです。

では，次のような英文はどうでしょうか。2つ目の理由についてよく考えてください。

△の例：Yes, I do. I have two reasons. First, I feel relaxed when I walk in nature. Second, there is no nature around my house.
　　　　　　　　　└─ ？？？

「<ruby>私<rt>わたし</rt></ruby>の家の周りには自然がありません」は，これを書いた人にとっては事実かもしれませんが，自然の中でハイキングをするのが好きな理由になっていません。どちらかというと，「周りに自然がない」→「あまりハイキングをしない」と考えると No の答えの<ruby>内容<rt>ないよう</rt></ruby>に思えます。

次のような英文はどうでしょうか。1つ目の理由についてよく考えてください。

△の例：Yes, I do. I have two reasons. First, I like hiking. Second, I ....

「はい，好きです。理由は2つあります。第1に，<ruby>私<rt>わたし</rt></ruby>はハイキングが好きです。第2に，<ruby>私<rt>わたし</rt></ruby>は…」

　Yes, I do.（＝自然の中でハイキングをするのが好き）に対して，「ハイキングが好きだから」だと理由として不十分ですね。もう少し説明を加える必要があります。

　このように，<ruby>適切<rt>てきせつ</rt></ruby>な理由を書くには，メモを書く<ruby>際<rt>さい</rt></ruby>にきちんとした理由になっているかを考えることが重要です。

例題 をみてみよう！

QUESTION
Where do you usually do your homework?

解答例　I usually do my homework in the school library because it is quiet. I don't want to study at home because my brothers are noisy. Also, I can use a computer in the library.

(34語)

訳　**QUESTION**
あなたはふだんどこで宿題をしますか。
<ruby>私<rt>わたし</rt></ruby>はふだん学校の図書室で宿題をします。なぜならそこは静かだからです。兄弟がさわがしいので<ruby>私<rt>わたし</rt></ruby>は家で勉強したくありません。また，図書室ではコンピューターが使えます。

解説　QUESTIONでは，ふだん宿題をする場所を<ruby>尋<rt>たず</rt></ruby>ねています。まず，QUESTIONに対する自分の答えを<ruby>簡潔<rt>かんけつ</rt></ruby>に書きます。Where 〜?の形の<ruby>質問<rt>しつもん</rt></ruby>なので，場所を表す<ruby>語句<rt>ごく</rt></ruby>を使って，〈I usually do my homework ＋場所．〉の形で答えましょう。
　解答例では, in the school library「学校の図書室で」と「場所」を答えた後, becauseを使って1つ目の理由を続けています。「静かだから」と<ruby>簡潔<rt>かんけつ</rt></ruby>に書いた後，I don't want to ....と説明を<ruby>補足<rt>ほそく</rt></ruby>している点に着目しましょう。ここでは，図書室と家（home）を<ruby>比較<rt>ひかく</rt></ruby>した説明になっています。
　becauseを使って1つ目の理由を書いた場合，2つ目の理由はAlsoで始めましょう。<ruby>解答例<rt>かいとうれい</rt></ruby>は「図書室ではコンピューターが使える（から図書室で宿題をする）」という理由になっています。

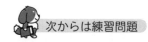
次からは練習問題

● あなたは，外国人の友達から以下のQUESTIONをされました。

● QUESTIONについて，あなたの考えとその理由を2つ英文で書きなさい。

● 語数の目安は25語〜35語です。

● 解答は，下の英作文解答欄に書きなさい。なお，解答欄の外に書かれたものは採点されません。

● 解答がQUESTIONに対応していないと判断された場合は，0点と採点されることがあります。QUESTIONをよく読んでから答えてください。

QUESTION
Do you often go shopping?

英作文解答欄

5

10

解答例①

Yes, I do. First, I often go to a shopping mall. I can buy anything I want there. Second, shopping is fun. I feel excited when I find something good.　　　　　　（30語）

QUESTION

あなたはよく買い物に行きますか。

はい，行きます。第1に，私はよくショッピングモールに行きます。そこでは欲しいものは何でも買えます。第2に，買い物は楽しいです。何かよいものを見つけたときはわくわくします。

解説 QUESTIONはDo you ～?の形の質問です。買い物によく行く場合はYes，あまり行かない場合はNoで答えます。

解答例①はYesの立場で，理由をFirst, ... Second, ...で書いています。1つ目の理由は具体的な場所として「よくショッピングモールに行く」と書いた後，そこでできることをI can buy ....で補足しています。anything I wantは「私が欲しいものは何でも」という意味で，このような表現が使えるとレベルの高い英文になります。2つ目の理由は，「買い物は楽しい」と簡潔に書いた後，次の文でその補足説明をしています。I feel excited when ....は「…ときはわくわくする」という意味です。

> **プラス!** この問題はDo you often go shopping?というYes / Noで答える疑問文ですが，What do you do on weekends?「あなたは週末，何をしますか」や，What do you like to do when you are free?「あなたは暇なとき，何をするのが好きですか」のような疑問詞の疑問文にも，上の解答例のI often go ....以下を応用して解答することができます。自分の趣味や好きなこと，暇なときによくすることなどを英語で書けるようにしておきましょう。いろいろな形式のQUESTIONに応用することができます。

解答例②

No, I don't. I have two reasons. First, I don't have time to go shopping. Second, I like buying things on the Internet. Shopping online is easier than going to stores.　　　　　　（31語）

いいえ，行きません。理由は2つあります。第1に，私は買い物に行く時間がありません。第2に，私はインターネットで物を買うことが好きです。オンラインで買い物をすることは店に出かけていくよりも楽です。

> 質問のgo shoppingは店に出かけていって物を買う買い物の意味だから，2つ目の理由ではオンラインでの買い物と比較しているね。easier thanという比較級の文を確認しよう。

リスニング編

13日目 ▶ 15日目

リスニング編の3日間では，英検3級リスニングの
問題形式を把握しましょう。

音声マークがついている箇所は音声を再生しながら
学習を進めましょう。

会話に対する応答を選ぶ問題

今日の目標 対話の最後のセリフをしっかり聞き取ろう！

第1部は音声が1回しか放送されず，問題冊子にはイラストだけで英文は掲載されていないため，集中力が必要です。その分，対話はシンプルなので，焦らず落ち着いて取り組みましょう。

ポイント1 最後のセリフが疑問詞で始まる疑問文の場合

まず，対話を聞く前にイラストを見て，場面を想像しましょう。対話は特に最後のセリフに注意して聞きます。最後のセリフは大きく分けて疑問文と疑問文以外のパターンがあります。疑問詞で始まる疑問文のパターンを見てみましょう。

例題 をみてみよう！

(放送される対話) 🔊 01

☆ : Excuse me.

★ : Yes, ma'am?

☆ : Where is the ticket machine?

1 Behind the flower shop.

2 The train is late.

3 Every ten minutes.

訳
☆：すみません。
★：はい，お客さま。
☆：券売機はどこですか。
1 花屋の裏です。
2 列車が遅れています。
3 10分おきです。

解説 まずイラストを見て，駅構内で女性が男性係員に話しかけている場面を想像しましょう。女性は最後のセリフで「券売機はどこですか」と尋ねています。このWhereの聞き取りがポイントで，「花屋の裏に」と具体的な「場所」を答えている**1**が正解です。Whereに対しては，behind「〜の裏側［後ろ］に」，beside 〜「〜の脇に」，next to 〜「〜の隣に」などの場所・位置を表す語の聞き取りがポイントになります。駅構内の場面のイラストから連想してtrain「列車」を含む**2**を選ばないようにしましょう。

解答：1

最後のセリフの疑問詞の聞き取りが大事だよ！

【具体的な答え以外の応答】

　例題のように，Where 〜? に対して具体的な「場所」を答える応答が正解の場合は比較的簡単に選べますが，単純にWhere ➡「場所」，When ➡「時」，What ➡「物・事」とイメージするだけでは対応できない問題もあります。

Where is the fitting room?「試着室はどこですか」
　↓　Where 〜? に対して具体的な場所ではなく…
I'll show you.「ご案内します」

What do you want to eat?「何を食べたい？」
　↓　What 〜? に対して具体的な物ではなく…
Anything is OK.「何でもいいよ」

> 対話を聞きながら場面をイメージすることが大事だよ！

ポイント2　最後のセリフがYes / Noで答える疑問文の場合

　対話の最後のセリフがDid you 〜? やWas it 〜? など，Yes / Noで答える疑問文のパターンを見てみましょう。応答ではYes / Noを言わないこともあるので注意が必要です。

例題 をみてみよう！

放送される対話　🔊 02

★：Have you been to the U.S.?
☆：Yes. I went to university in New York.
★：Did you have a good time there?
1 When I was 19.
2 I really enjoyed it.
3 I'm sure I will.

訳　★：アメリカに行ったことある？
☆：ええ。ニューヨークの大学に通ったわ。
★：そこでは楽しい時を過ごせた？
1 19歳のときに。　　**2** とても楽しんだわ。　　**3** きっとそうするわ。

解説　イラストから，会社員同士の対話だとわかります。最後の男性のセリフは「そこ（＝ニューヨークの大学）では楽しい時を過ごしましたか」という意味です。このDid you 〜? に対し，Yes / Noで答えずに「それ（＝大学）をとても楽しんだ」と答えている**2**が正解です。
　　　　　　　　　　　　　　　　　　　　　　　　　　　　　　　　　解答：2

【it や there などが指すものがポイント】

　上の例題の対話中のthereや正解**2**のitのように，英文にit, them, there, one, thatなどの語が含まれていることがよくあります。oneの例だと，I lost the tennis match.「テニスの試合に負

けたんだ」の後，When is the next <u>one</u>? と言えば，one は tennis match のことで，「次の（テニスの試合）はいつなの？」という意味になります。

※ここに放送マーク 03

▶ 質問の後に㋐と㋑の2つの応答が読まれます。応答として適切な方を選びましょう。

1. 音声を聞いて答えましょう。

2. 音声を聞いて答えましょう。

解答：1. ㋑ What's the matter?（どうしたの？）－㋐It's my pleasure.（どういたしまして）㋑I can't find my glasses.（めがねが見つからないんだ）

2. ㋐ How long did it take to come here?（ここへ来るのにどれくらいかかりましたか）－㋐About half an hour.（30分くらいです）㋑By bus.（バスで）

ポイント 3 ▸ 最後のセリフが許可や依頼の表現の場合

最後のセリフが相手に何かの許可を求めたり，依頼したりする表現のパターンもあります。典型的な表現とその応答の例を46ページで復習し，聞き取れるようにしましょう。

▸ 例題 をみてみよう！

放送される対話　　　　　　　　　03 04

☆：I'm going camping on Sunday.

★：Sounds nice.

☆：Do you want to go with me?

1 In the mountains.

2 I want a bigger one, please.

3 Sorry, but I'm busy.

訳　☆：日曜日，キャンプに行くの。

★：いいね。

☆：あなたも一緒に行かない？

1 山の中で。　　**2** 大きい方をください。　　**3** 悪いけど，ぼくは忙しいんだ。

解説　イラストは電話で話す場面を表しています。最後のセリフがDo you want to ～?「～しませんか」と相手を誘う表現になっています。goの後にはcamping on Sundayが省略されています。これに対し，Sorryと謝った後に「忙しい」と理由を付け加えている**3**が正解です。このように，Yes / NoやOKといった直接的な応答がない場合があるので，よく聞いて内容をつかみましょう。

解答：3

05

▶ 質問の後に㋐と㋑の2つの応答が読まれます。応答として適切な方を選びましょう。

1. 音声を聞いて答えましょう。

2. 音声を聞いて答えましょう。

解答：1. ㋐ Would you like something to drink?（何か飲み物はいかが？）－㋐I'd like coffee, please.（コーヒーをいただきたいです）㋑The food was good.（料理はよかったよ）

2. ㋑ Can you pick me up at the station?（駅に迎えに来てくれる？）－㋐Sure. Here you are.（いいよ。はい，どうぞ）㋑I'll come right now.（今すぐ行くね）

最後のセリフが疑問文<ruby>ぎ<rt>ぎ</rt></ruby>ではないパターンもあります。対話の流れから，話し手の気持ちを理解<ruby>り<rt>り</rt></ruby><ruby>かい<rt>かい</rt></ruby>し，相手に何をしてほしいのか，どんな応答<ruby>おう<rt>おう</rt></ruby><ruby>とう<rt>とう</rt></ruby>を期待しているのかなどをイメージしながら聞きましょう。

例題 をみてみよう！

【放送される対話】 🔊 06

★：What's the matter?
☆：My tooth hurts.
★：You should go to the dentist.
1 You're welcome.
2 I'll do that.
3 Good luck.

訳　★：どうしたの？
☆：歯<ruby>いた<rt>いた</rt></ruby>が痛いの。
★：歯医者に行った方がいいね。
1 どういたしまして。　　**2** そうするわ。　　**3** がんばってね。

解説　最後のセリフの You should 〜.「〜した方がいい」は相手への提案<ruby>てい<rt>てい</rt></ruby><ruby>あん<rt>あん</rt></ruby>や忠告<ruby>ちゅう<rt>ちゅう</rt></ruby><ruby>こく<rt>こく</rt></ruby>を表します。「歯医者に行った方がいいね」と忠告<ruby>ちゅう<rt>ちゅう</rt></ruby><ruby>こく<rt>こく</rt></ruby>され，「そうするわ」と受け入れている **2** が正解<ruby>せい<rt>せい</rt></ruby><ruby>かい<rt>かい</rt></ruby>です。that は「歯医者に行くこと」です。hurt「痛<ruby>いた<rt>いた</rt></ruby>む，〜を傷<ruby>きず<rt>きず</rt></ruby>つける」，break「〜を壊<ruby>こわ<rt>こわ</rt></ruby>す，〜（の骨<ruby>ほね<rt>ほね</rt></ruby>）を折る」，forget「〜を忘<ruby>わす<rt>わす</rt></ruby>れる」などはマイナスイメージの話でよく出てくる語です。You're welcome. や Good luck. などの会話表現<ruby>ひょう<rt>ひょう</rt></ruby><ruby>げん<rt>げん</rt></ruby>も確認<ruby>かく<rt>かく</rt></ruby><ruby>にん<rt>にん</rt></ruby>しておきましょう。

解答<ruby>かい<rt>かい</rt></ruby><ruby>とう<rt>とう</rt></ruby>：**2**

【最後のセリフが疑問文<ruby>ぎ<rt>ぎ</rt></ruby><ruby>もん<rt>もん</rt></ruby><ruby>ぶん<rt>ぶん</rt></ruby>以外の例】

① 命令文

<u>Please</u> come after lunch.「昼食後に来てください」
➡応答例<ruby>おう<rt>おう</rt></ruby><ruby>とう<rt>とう</rt></ruby><ruby>れい<rt>れい</rt></ruby>：All right.　See you then.「わかりました。そのときに会いましょう」

② 否定<ruby>ひ<rt>ひ</rt></ruby><ruby>てい<rt>てい</rt></ruby>の命令文

<u>Don't</u> forget to lock the door.「ドアにカギをかけるのを忘<ruby>わす<rt>わす</rt></ruby>れないでね」
➡応答例<ruby>おう<rt>おう</rt></ruby><ruby>とう<rt>とう</rt></ruby><ruby>れい<rt>れい</rt></ruby>：I won't.「忘<ruby>わす<rt>わす</rt></ruby>れないよ」　※I won't forget to lock the door. ということ

③ 許可<ruby>きょ<rt>きょ</rt></ruby><ruby>か<rt>か</rt></ruby>・提案<ruby>てい<rt>てい</rt></ruby><ruby>あん<rt>あん</rt></ruby>

<u>You can</u> use this umbrella.「この傘<ruby>かさ<rt>かさ</rt></ruby>を使っていいよ」
➡応答例<ruby>おう<rt>おう</rt></ruby><ruby>とう<rt>とう</rt></ruby><ruby>れい<rt>れい</rt></ruby>：That would be great.「それはありがたいわ」

④ 期待・要望

<u>I hope</u> my sister likes it.「姉［妹］が気に入るといいな」
➡応答例<ruby>おう<rt>おう</rt></ruby><ruby>とう<rt>とう</rt></ruby><ruby>れい<rt>れい</rt></ruby>：I'm sure she will.「きっと気に入るよ」

<u>I need</u> some more salt.「塩がもう少し必要だわ」　※「塩が欲<ruby>ほ<rt>ほ</rt></ruby>しい」という要望
➡応答例<ruby>おう<rt>おう</rt></ruby><ruby>とう<rt>とう</rt></ruby><ruby>れい<rt>れい</rt></ruby>：OK, here it is.「わかった，はい，どうぞ」

イラストを参考にしながら対話と応答を聞き，最も適切な応答を**1**，**2**，**3**の中から一つ選び（　　）に入れなさい。英文は一度だけ放送され，解答時間はそれぞれ10秒です。

☐ **No. 1**　　　（　　　）

☐ **No. 2**　　　（　　　）

☐ **No. 3**　　　（　　　）

☐ **No. 4**　　　（　　　）

☐ **No. 5**　　　（　　　）

☐ **No. 6**　　　（　　　）

ヒント
No. 4 dictionary：辞書　　left：leave「〜を置き忘れる」の過去形
forget to do：〜し忘れる　　No. 5 plate：皿　　No. 6 next to 〜：〜の隣に　　toy：おもちゃ

No. 7　　　　　（　　　　）

No. 8　　　　　（　　　　）

No. 9　　　　　（　　　　）

No. 10　　　　　（　　　　）

13
日目

リスニング1

ヒント　No. 8 Mexican：メキシコの　　No. 9 American football：アメリカンフットボール
No. 10 dress：ドレス，ワンピース

No. 1　解答 2　07

☆：Where are you going, Alan?

★：I'm going to Jim's house.

☆：What time are you coming back?

1 I have three of them.

2 Maybe before noon.

3 He lives in Sydney.

> ☆：どこに行くの，アラン？
>
> ★：ジムの家だよ。
>
> ☆：何時に戻ってくるの？
>
> **1** ぼくはそれらのうちの3つを持っているよ。
>
> **2** たぶんお昼前には。
>
> **3** 彼はシドニーに住んでいるんだ。

解説 対話の最後でWhat time ～?と時刻を尋ねています。具体的な時刻の代わりに「昼前には」と答えている**2**が適切です。

No. 2　解答 1　08

★：What did you do last weekend?

☆：I went to the summer festival at the river with my brother.

★：Did you walk there?

1 We took a bus.

2 We went fishing.

3 About ten minutes.

> ★：先週末は何をしたの？
>
> ☆：兄［弟］と川辺の夏祭りに行ったわ。
>
> ★：そこへは歩いて行ったの？
>
> **1** 私たちはバスに乗ったわ。
>
> **2** 私たちは釣りに行ったわ。
>
> **3** 10分くらいよ。

解説 「そこ（＝夏祭り）へは歩いて行ったの？」という質問に対して，**1**の「（歩いたのではなく）バスに乗った」が正解です。Did you ～?の疑問文に対してYes / Noを言わずに応答するパターンです。

No. 3　解答 1　09

☆：Have you finished reading that book?

★：Yes. I finished it yesterday.

☆：Can I borrow it?

1 Sure. Here you are.

2 Thanks a lot.

3 I hope to hear from you.

> ☆：その本を読み終わった？
>
> ★：うん。昨日読み終わったよ。
>
> ☆：それを借りてもいい？

1 いいよ。はい，どうぞ。

2 どうもありがとう。

3 きみからの連絡を待っているよ。

解説 Can I ～?「～してもいいですか」は許可を求める表現です。「借りてもいい？」に対して，「いいよ」と許可している**1**が正解です。Can I borrow it?のitは男の子が持っている本のことで，このように最後のセリフに含まれるitやmineなどが何を指すかがポイントになることはよくあります。Here you are. [Here it is.]は物を差し出すときに用いる表現です。

No. 4　解答 2　🔊)) 10

☆：Did you bring my dictionary, Tom?

★：I'm sorry, but I left it at home.

☆：Don't forget to bring it tomorrow.

1 It's my pleasure.

2 I won't.

3 I'll go later.

> ☆：私の辞書を持ってきてくれた，トム？
> ★：ごめん，家に置いてきちゃった。
> ☆：明日は持ってくるのを忘れないでね。
> **1** どういたしまして。
> **2** 忘れないよ。
> **3** 後で行くよ。

解説 最後の1文が Don't ～.「～しないでね」という否定命令文のパターンです。「明日は（辞書を）持ってくるのを忘れないでね」に対して I won't. と答えている**2**が正解で，これは I won't forget to bring it tomorrow. の forget 以下を省略した形です。**1**の It's my pleasure.はお礼に対する返事に使う表現です。

No. 5　解答 1　🔊)) 11

☆：Can you help me, honey?

★：Sure. What can I do?

☆：We need two plates.

1 OK, I'll get them.

2 OK, I can drive you there.

3 OK, have fun.

> ☆：手伝ってくれる，あなた？
> ★：いいよ。何をしたらいい？
> ☆：お皿が2枚必要だわ。
> **1** わかった，取ってくるね。
> **2** わかった，ぼくがきみをそこへ車で連れて行けるよ。
> **3** わかった，楽しんでね。

解説 男性はSure.（＝手伝う）と答えた後，「何をしたらいい？」と尋ねています。女性のWe need two plates.「お皿が2枚必要だ」は，「お皿を取ってきてほしい」という要望＝男性へのお願いで，このお願いを受け入れている**1**が正解です。themはtwo platesを指しています。

No. 6　解答 1

☆：Excuse me. Is there a bookstore in this building?

★：Yes, it's next to the toy shop.

☆：Where is the shop?

1　On the second floor.

2　I'll take one.

3　It cost a lot.

> ☆：すみません。この建物に書店はありますか。
>
> ★：はい，おもちゃ屋の隣です。
>
> ☆：そのお店はどこにありますか。
>
> **1**　２階です。
>
> **2**　１つもらいます。
>
> **3**　それは高かったです。

解説 買い物客とスタッフの対話です。Where is the shop?のWhereを聞き取ることがポイントです。おもちゃ屋の場所を尋ねられ，「２階です」と具体的に答えている**1**が正解です。**3**のcostは「（お金）がかかる」という意味で，過去形も過去分詞もcostです（ここでは過去形）。

No. 7　解答 3

☆：Dad, could you buy me a new bike?

★：Why? You already have one.

☆：It's too small now.

1　It's open now.

2　It's not far from here.

3　Wait until your next birthday.

> ☆：お父さん，私に新しい自転車を買ってくれない？
>
> ★：どうして？　すでに１台持っているだろう。
>
> ☆：もう小さすぎるの。
>
> **1**　もう開いているよ。
>
> **2**　ここからは遠くないよ。
>
> **3**　次の誕生日まで待ちなさい。

解説 女の子が父親に自転車をねだっている場面であることを押さえましょう。買う・買わないという２択の返事ではなく，「次の誕生日まで待ちなさい」と言っている**3**が流れに合います。

No. 8　解答 1

★：Have you tried the new Mexican restaurant near the station?

☆：Not yet. I hear the food is great.

★：Why don't we have lunch there tomorrow?

1　I'd love to.

2　Yes, I'll do my best.

3　Some bread, please.

★：駅の近くの新しいメキシコ料理店に行ってみた？

☆：まだよ。料理がとてもおいしいらしいわね。

★：明日，そこでランチを食べない？

1 ぜひそうしたいわ。

2 うん，最善を尽くすわ。

3 パンをお願いするわ。

解説 Why don't we ～?は「（一緒に）～しませんか」と相手を誘う表現です。食事の誘いに対して，**1** の「ぜひそうしたい（＝明日，そこでランチを食べたい）」が適切です。

No. 9 解答 1 🔊 15

☆：How was your trip to Chicago?

★：I watched an American football game.

☆：Did you? How did you like it?

1 **It was exciting.**

2 I went by plane.

3 It was broken.

> ☆：シカゴへの旅行はどうだった？
>
> ★：アメリカンフットボールの試合を見たよ。
>
> ☆：そうなの？　どうだった？
>
> **1** わくわくしたよ。
>
> **2** ぼくは飛行機で行ったよ。
>
> **3** それは壊れていたよ。

解説 How did you like it?は「それはどうでしたか，気に入りましたか」など，相手に感想を尋ねる表現です。このitと正解 **1** のItは，どちらもアメリカンフットボールの試合のことです。

No. 10 解答 2 🔊 16

★：How was your birthday?

☆：I got a nice dress from my mother.

★：Are you going to wear it to school tomorrow?

1 Yeah, I'll give it back to you.

2 **No. It's for my piano concert.**

3 Yes. I bought it myself.

> ★：誕生日はどうだった？
>
> ☆：母からすてきなドレスをもらったの。
>
> ★：明日，それを学校に着ていくの？
>
> **1** うん，あなたにそれを返すわ。
>
> **2** いいえ。それは私のピアノのコンサート用よ。
>
> **3** ええ。私はそれを自分で買ったのよ。

解説 Are you going to wear it to school tomorrow?のitは，母親からもらったドレスのことです。No.（＝学校に着ていかない）と答えた後，「それ（＝ドレス）はピアノのコンサートのためのもの」と理由を付け加えている **2** が正解です。

会話の内容を聞き取る問題

今日の目標　**2回の放送を効率よく聞こう！**

第2部からは音声が2回放送されるので，2回の放送を効率よく聞く練習をしましょう。ポイント2とポイント3では典型的な問題を2つ取り上げて解き方を見ていきます。

ポイント1　**1回目の放送では場面・状況と話題をつかもう**

2回の放送を効率よく聞くには，次の手順が効果的です。

1回目の対話➡対話の場面や状況をイメージし，話題をつかむ。
1回目の質問➡問われている内容をしっかりと押さえる。
2回目の対話（＋質問）➡問われている内容に関わる部分を重点的に聞き，選択肢から正しいものを選ぶ。質問は1回目で聞き取れたら2回目は聞き流してよい。

例題 をみてみよう！

印刷された選択肢　🔊 17

1 At 7:00.　**2** At 7:30.　**3** At 8:00.　**4** At 8:30.

放送される対話

☆：The soccer game will start at eight thirty this evening, right?

★：No, at eight. Can we watch it together at my house?

☆：I'd love to. I'll come at seven thirty.

★：OK. See you later.

Question: What time will the soccer game start?

訳　☆：サッカーの試合は今夜8時30分に始まるのよね？

★：違うよ，8時だよ。うちで一緒に観戦する？

☆：ぜひそうしたいわ。7時30分に行くわね。

★：わかった。じゃあまた後で。

質問：サッカーの試合は何時に始まりますか。

1 7時に。　**2** 7時30分に。　**3** 8時に。　**4** 8時30分に。

解説　質問はWhat time 〜?の形で，サッカーの試合の開始時刻が問われています。対話中に時刻の表現がいくつか出てくるので，その中から「試合の開始時刻」が聞き取れるかがポイントです。女性が最初に「今夜8時30分に始まるのよね？」と確認していますが，男性がNo, at eight.「違うよ，8時だよ」と答えているので，開始時刻は**3**の「8時」です。女性の発言にある「8時30分」や「7時30分」に惑わされないようにしましょう。**解答：3**

この例題は，以下の流れで放送を聞くと効率的です。

1回目の対話➡話題は「今夜のサッカーの試合」。時刻がいくつか出てくることに気づこう。

1回目の質問➡「試合の開始時刻」が問われていることを理解する。

2回目の対話（＋質問）➡試合の「開始時刻」に集中して聞く。

🔊 18

➡ 前のページの例題と同じ対話を使って，違う問題を解いてみましょう。対話と質問を聞いて，その答えとして最も適切なものを下の⑦～①の中から選んでください。

⑦ At 7:00.　　① At 7:30.　　⑦ At 8:00.　　① At 8:30.

解答：①（7時30分に）　Question: What time will they meet this evening?（彼らは今夜，何時に会いますか）

例題は，質問がWhat time ～?「何時？」で選択肢が「時刻」でしたが，他にもHow many ～?→選択肢「数字」，Who ～?→選択肢「人」，How often ～?→選択肢「頻度」などがあります。いずれも，対話中に複数の情報が出てくるので，質問をしっかりと聞くことが重要になります。

問題の傾向について，もう少し詳しく見てみましょう。選択肢を見ると，質問内容が予測できることがあります。以下に，選択肢の種類別にどんな内容が問われるかをまとめました。

> ここから次のページにかけての内容はすべて第3部にも当てはまるよ。

選択肢が4つとも…

① 名詞➡物を問う
　選択肢：His cap.「彼の帽子」/ Some flowers.「（いくつかの）花」
　質問：What is the boy looking for?「男の子は何を探していますか」
　　　　What does the girl want?「女の子は何を欲しがっていますか」

② 動詞の原形で始まる➡主語の人物がこれからとる行動や，したいことなどを問う
　選択肢：Clean his room.「彼の部屋を掃除する」/ Cook dinner.「夕食を作る」
　質問：What will the boy do tonight? / What is the boy going to do tonight?
　　　　「男の子は今夜何をしますか」
　　　　What does the girl have to do?「女の子は何をしなければなりませんか」

③ 〈To＋動詞の原形〉で始まる➡Why ～?に対して「～するために」と行動の目的を問う
　選択肢：To meet his friend.「友達に会うために」
　質問：Why did the boy go to the station?「なぜ男の子は駅に行ったのですか」

④ 動詞の-ing形で始まる➡現在進行中の行動や「～すること」を問う
　選択肢：Looking for his key.「カギを探している」/ Reading a book.「本を読んでいる」
　質問：What is the boy doing now?「男の子は今，何をしていますか」

　選択肢：Traveling.「旅行すること」/ Painting pictures.「絵を描くこと」
　質問：What is the boy's hobby?「男の子の趣味は何ですか」

⑤ 〈主語＋動詞の現在形〉で始まる➡主語のふだんの行動や習慣などを問う
　選択肢：He watches TV at home.「彼は家でテレビを見る」
　質問：What does the boy usually do on Sundays?
　　　　「男の子は毎週日曜日にたいてい何をしますか」

⑥〈主語＋動詞の過去形〉で始まる➡主語の過去の行動や問題点などを問う
選択肢：He <u>visited</u> his grandmother. 「彼は祖母を訪ねた」
質問：What <u>did</u> the boy <u>do</u> yesterday? 「男の子は昨日，何をしましたか」

選択肢：He <u>missed</u> his bus. 「彼はバスに乗り遅れた」
質問：What is the boy's <u>problem</u>? 「男の子の問題は何ですか」

その他，What are they talking about? 「彼らは何について話していますか」のように，対話全体の内容（話題）を問う問題もあります。選択肢にはJack's friend. 「ジャックの友達」，Their hobby. 「彼らの趣味」，The city Bob visited. 「ボブが訪れた都市」などが並びます。

ポイント2　行動を問う問題をマスターしよう

選択肢が「動詞の原形で始まる」問題の例を見てみましょう。「（この後）何をするか」「何をしなければならないか」など，話し手の行動内容が問われます。

例題 をみてみよう！

⏴)) 19

印刷された選択肢

1 Clean her room.　　**2** Do her homework.
3 Help her father.　　**4** Bake an apple pie.

放送される対話

☆：I'm going to Aunt Susie's house now.
★：Do your homework before you go.
☆：All right. We're going to bake an apple pie together.
★：That'll be fun.
Question: What will the girl do first?

訳
☆：今からスージーおばさんの家に行くの。
★：行く前に宿題をしなさい。
☆：わかったわ。一緒にアップルパイを焼くのよ。
★：それは楽しいだろうね。
質問： 女の子はまず何をしますか。
1 部屋を掃除する。　　**2** 宿題をする。
3 父親を手伝う。　　**4** アップルパイを焼く。

解説
質問はWhat ～ do <u>first</u>?の形で，女の子がこの対話の後「最初にすること」が問われています。女の子は最初の発話で「今からスージーおばさんの家に行く」と言っていますが，Do your homework before you go. と言われ，All right. と受け入れています。つまり，宿題をやってからおばの家に行くので，**2**が正解です。選択肢**4**のBake an apple pie. はおばの家ですることなので，質問の「最初にすること」には不適切です。　　**解答：2**

▶ 前のページの例題と同じ対話を使って，違う問題を解いてみましょう。対話と質問を聞いて，その答えとして最も適切なものを下の⑦～①の中から選んでください。

⑦ Clean her room.　④ Do her homework.　⑦ Help her father.　① Bake an apple pie.

解答：①（アップルパイを焼く）　Question: What will the girl do with her aunt?（女の子はおばと一緒に何をしますか）

ポイント3　問題点を問う問題をマスターしよう

　選択肢が〈主語＋動詞〉を含む文でマイナスイメージの内容の場合は，けが・紛失・忘れ物・故障などの「問題点」が話題になります。質問は，What is ～'s problem?「～の問題は何ですか」や，Why couldn't the boy ～?「なぜ男の子は～できなかったのですか」などがあります。

例題 をみてみよう！

🔊))21

（印刷された選択肢）

1 It was closed.　　**2** His bike was broken.

3 He hurt his leg.　　**4** He had tennis practice.

（放送される対話）

☆：Did you enjoy ice-skating yesterday?

★：I couldn't go. I fell off my bike and hurt my leg.

☆：That's too bad.

★：I'm sad because I can't even play tennis.

Question: Why couldn't the boy go ice-skating?

訳

☆：昨日はアイススケートを楽しんだ？

★：行けなかったんだ。自転車から落ちて脚を痛めたんだ。

☆：それは気の毒に。

★：テニスもできないから悲しいよ。

質問：なぜ男の子はアイススケートに行けなかったのですか。

1 それは閉まっていた。　　2 彼の自転車が壊れていた。

3 彼は脚を痛めた。　　4 彼はテニスの練習があった。

解説

質問はWhy couldn't ～?の形で，「男の子がアイススケートに行けなかった理由」が問われています。男の子はI couldn't go.「行けなかった」と言った後，その理由として「自転車から落ちて脚を痛めた」と言っています。よって，**3**が正解です。fell off「～から落ちた」やhurt「～を痛めた」などの表現も確認しましょう。　　**解答：3**

14
日目

リスニング2

「問題点」を話す対話では，次の下線部分のようなマイナスイメージの表現がよく出てきます。

I can't find my keys.「カギが見つからないんだ」

I forgot my eraser.「消しゴムを忘れた」

I left my wallet at home.「家に財布を置いてきてしまった」

I was too busy to call you.「忙しくてきみに電話ができなかったんだ」

I'm afraid I can't come.「あいにく行けないの」

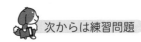 次からは練習問題　123

対話と質問を聞き，その答えとして最も適切なものを**1**，**2**，**3**，**4**の中から一つ選びなさい。
英文は二度放送され，解答時間はそれぞれ10秒です。

☐ **No. 1**　　**1** Three.
　　　　　　　2 Five.
　　　　　　　3 Eight.
　　　　　　　4 Ten.

☐ **No. 2**　　**1** Leave Japan.
　　　　　　　2 Go to a concert.
　　　　　　　3 Go to the airport.
　　　　　　　4 Take a music lesson.

☐ **No. 3**　　**1** He is not good at math.
　　　　　　　2 He did not study for a test.
　　　　　　　3 He forgot his eraser.
　　　　　　　4 He was late for school.

☐ **No. 4**　　**1** In a restaurant.
　　　　　　　2 In a theater.
　　　　　　　3 In a supermarket.
　　　　　　　4 In a library.

☐ **No. 5**　　**1** To study.
　　　　　　　2 To use a computer.
　　　　　　　3 To return a book.
　　　　　　　4 To look for a book.

ヒント

No. 2 airport：空港　　leave：～を離れる　　No. 3 eraser：消しゴム
No. 4 especially：特に　　pumpkin：カボチャ　　dessert：デザート
No. 5 return：～を返す

☐ **No. 6**   **1** She met her aunt.
             2 She played baseball.
             3 She worked at a restaurant.
             4 She watched TV.

☐ **No. 7**   **1** Help her father.
             2 Send an e-mail.
             3 Go shopping.
             4 Drink some milk.

☐ **No. 8**   **1** Their school teacher.
             2 Their school trip.
             3 Their favorite sport.
             4 Their hobbies.

☐ **No. 9**   **1** Once a week.
             2 Twice a week.
             3 Once a month.
             4 Three times a month.

☐ **No. 10** **1** Write a report.
             2 Draw a picture.
             3 Go to an art school.
             4 Do her math homework.

ヒント   No. 7 help *A* with *B*：A（人）の B を手伝う　　No. 8 be in the hospital：入院している
broke：break「～を骨折する」の過去形　　leg：脚　　No. 9 vacation：休み
go skiing：スキーをしに行く　　～ time(s)：～ 回　　once：1 回

No. 1　解答　2　🔊 22

★：Mary, can you get three apples from the supermarket?

☆：OK. Anything else?

★：Five bananas, please.

☆：All right. The supermarket closes in 10 minutes, so I have to hurry.

Question: How many bananas does the man want?

> ★：メアリー，スーパーマーケットでリンゴを3個買ってきてくれる？
>
> ☆：わかった。他には？
>
> ★：バナナを5本お願い。
>
> ☆：了解。スーパーマーケットは10分後に閉店するから急がなきゃ。
>
> **質問：**男性はバナナを何本欲しいですか。
>
> **1** 3本。　　**2** 5本。　　**3** 8本。　　**4** 10本。

解説 How many ～?「いくつの～？」→選択肢「数字」の問題です。1回目の放送から，話題は「買い物」であることをつかみましょう。そして質問のbananasを聞き取って，「バナナ」の数が問われていることを理解し，2回目の放送ではバナナの数に焦点を絞って聞きます。男性のセリフ Five bananas, please. から，**2**が正解です。**1**はリンゴの数で，**4**は閉店までの時間に関する数字です。

No. 2　解答　3　🔊 23

★：Are you free on Saturday?

☆：Well, I'm going to the airport. My friend, Susan, is leaving Japan.

★：I wanted to go to a piano concert with you.

☆：That sounds like fun. Maybe some other time.

Question: What is the woman going to do on Saturday?

> ★：土曜日は空いてる？
>
> ☆：ええと，空港に行くの。友達のスーザンが日本を離れるのよ。
>
> ★：きみとピアノのコンサートに行きたかったんだ。
>
> ☆：それは楽しそうね。また今度ね。
>
> **質問：**女性は土曜日に何をする予定ですか。
>
> **1** 日本を離れる。　　**2** コンサートに行く。　　**3** 空港に行く。　　**4** 音楽のレッスンを受ける。

解説 人物の行動を問う問題です。質問では女性が土曜日にする行動が問われています。Are you free on Saturday? で土曜日の予定を聞かれた女性はI'm going to the airportと答えているので，**3**が正解です。**1**は女性の友達のスーザンの行動，**2**は男性が女性としたかったことなので間違えないように注意しましょう。

No. 3　解答　3　🔊 24

☆：What's the matter, Dave?

★：I have a math test today, but I forgot my eraser.

☆：You can use this. I have two.

★：Thanks, Carol.

Question: What is Dave's problem?

> ☆：どうしたの，デイブ？
>
> ★：今日，数学のテストがあるんだけど，消しゴムを忘れちゃったんだ。
>
> ☆：これを使っていいわよ。2つ持っているの。

★：ありがとう，キャロル。

質問：デイブの問題は何ですか。

1 彼は数学が得意ではない。　　**2** 彼はテストのために勉強をしなかった。

3 彼は消しゴムを忘れた。　　**4** 彼は学校に遅刻した。

解説　1回目の放送の質問で「デイブの問題」が問われていることをつかみ，2回目の放送ではデイブのセリフを特に集中して聞きましょう。I forgot my eraser から，**3** が正解です。

No. 4　解答 **1**　🔊 25

☆：How was your dinner, sir?

★：It was very good. I especially liked the pumpkin soup.

☆：Would you like any dessert?

★：No, thank you. Just coffee, please.

Question: Where are they talking?

　☆：夕食はいかがでしたか，お客さま？

　★：とてもおいしかったですよ。特にカボチャのスープが気に入りました。

　☆：何かデザートはいかがですか。

　★：いいえ，結構です。コーヒーだけください。

質問：彼らはどこで話していますか。

1 レストランで。　　**2** 劇場で。　　**3** スーパーマーケットで。　　**4** 図書館で。

解説　Where ～?「どこ～?」→選択肢「場所」の問題です。対話の最初の部分から，レストランで食事が終わった客にスタッフが話しかけている場面を想像しましょう。dinner, pumpkin soup, dessert, coffee などのキーワードから **1** が正解だとわかります。sir は男性，ma'am は女性に対して使う丁寧な呼びかけです。

No. 5　解答 **3**　🔊 26

★：You came home late.

☆：Sorry, Dad. I went to the library after school.

★：Did you study there?

☆：No, I went there to return a book.

Question: Why did the girl go to the library?

　★：帰るのが遅かったね。

　☆：ごめんなさい，お父さん。学校の後，図書館に行ったの。

　★：そこで勉強したの？

　☆：いいえ，本を返しに行ったのよ。

質問：女の子はなぜ図書館に行ったのですか。

1 勉強するために。　　**2** コンピューターを使うために。

3 本を返すために。　　**4** 本を探すために。

解説　Why ～?「なぜ～?」に対して〈To ＋動詞の原形〉「～するために」の形の選択肢が並び，行動の目的を問う問題です。女の子の最後のセリフの I went there to return a book の there は図書館のことなので，**3** が正解です。父親の Did you study there? に対して女の子は No と答えているので，**1** は間違いです。

14日目

リスニング
2

No. 6 解答 1 🔊 27

★：Linda, did you see the baseball game on TV last night?
☆：No, Nick. I came home very late yesterday.
★：What were you doing?
☆：I visited my aunt working at a restaurant.
Question: What did Linda do last night?

> ★：リンダ，昨夜テレビで野球の試合を見た？
> ☆：いいえ，ニック。昨日は帰宅がとても遅かったの。
> ★：何をしていたの？
> ☆：レストランで働いているおばのところに行ったの。
> **質問：**リンダは昨夜，何をしましたか。
> **1** 彼女はおばに会った。　　**2** 彼女は野球をした。
> **3** 彼女はレストランで働いた。　　**4** 彼女はテレビを見た。

解説 過去の行動を問う問題です。質問のLinda「リンダ」は話している女性のことで，リンダが昨夜（last night）何をしたかが問われています。I visited my auntから，**1**が正解です。対話中のvisitedが選択肢ではmetに言い換えられていることも確認しましょう。

No. 7 解答 2 🔊 28

★：Sally, can you help me with the cooking?
☆：I need to send this e-mail now. Where is Mom?
★：She went to buy some milk.
☆：OK, Dad. I'll be there after I finish.
Question: What will Sally do first?

> ★：サリー，料理を手伝ってくれるかい？
> ☆：今このEメールを送らないといけないの。お母さんはどこ？
> ★：牛乳を買いに行ったんだ。
> ☆：わかったわ，お父さん。終わったらそっちに行くわ。
> **質問：**サリーはまず何をしますか。
> **1** 父親を手伝う。　　**2** Eメールを送る。
> **3** 買い物に行く。　　**4** 牛乳を飲む。

解説 質問にfirstがあり，サリーがこの対話の後で「最初に」することが問われています。サリーはI need to send this e-mail now.と言い，最後にもI'll be there after I finish.「終わったら（＝Eメールを送り終えたら）そっちに行く」と言っていることから，サリーが最初にすることは**2**だとわかります。

No. 8 解答 1 🔊 29

☆：Why isn't Mr. Walker at school?
★：He's in the hospital. He broke his leg during his P.E. class last week.
☆：Really? Do you think he'll come back before the sports day?
★：I hope so.
Question: What are they talking about?

> ☆：どうしてウォーカー先生は学校にいないの？
> ★：彼は入院しているよ。先週の体育の授業中に脚を骨折したんだ。

128

☆：本当？　体育祭までに戻ってくると思う？

★：そうだといいな。
質問：彼らは何について話していますか。
1 彼らの学校の先生。　　　　**2** 彼らの修学旅行。
3 彼らの好きなスポーツ。　　**4** 彼らの趣味。

解説　学校の友達同士の対話を想像しましょう。質問はWhat are they talking about?で，対話の「話題」が問われています。対話は「どうしてMr. Walkerは学校にいないの？」で始まり，続くduring his P.E. classから，Mr. Walkerは体育の先生だと推測できます。最後のI hope so.は「ウォーカー先生が体育祭までに戻ってきたらいいな」という意味で，話題は最後まで「ウォーカー先生」なので，**1**が正解です。

No. 9　解答　1　◀))) 30

★：How was your winter vacation?

☆：It was great!　I went skiing three times.

★：Really?　I've been skiing only once.

☆：Now I'm taking a skiing lesson every Saturday.　It's fun!

Question: How often does the girl take skiing lessons?

　★：冬休みはどうだった？

　☆：最高だったわ！　スキーに3回行ったのよ。

　★：本当？　ぼくは1回しかスキーに行ったことがないよ。

　☆：今，毎週土曜日にスキーのレッスンを受けているの。楽しいわ！
質問：女の子はどのくらいの頻度でスキーのレッスンを受けていますか。
1 週に1回。　　**2** 週に2回。　　**3** 月に1回。　　**4** 月に3回。

解説　How often ～?は頻度を尋ねる表現です。I'm taking a skiing lesson every Saturdayから，**1**が正解です。耳で聞いたevery Saturday「毎週土曜日に」と目で読んだOnce a week.「週に1回」が，同じ内容を意味するとわかるかがポイントになります。対話中のthree timesに惑わされないようにしましょう。

No. 10　解答　4　◀))) 31

★：Are you drawing a picture?

☆：Yes, Dad.　This is my homework for art class.

★：Do you have any math homework?

☆：Yes.　I need to do it tomorrow.

Question: What does the girl have to do tomorrow?

　★：絵を描いているのかい？

　☆：そうよ，お父さん。これは美術の授業の宿題なの。

　★：数学の宿題はあるの？

　☆：あるよ。明日それをやらないといけないわ。
質問：女の子は明日，何をしなければなりませんか。
1 レポートを書く。　　**2** 絵を描く。　　**3** 美術学校に行く。　　**4** 数学の宿題をする。

解説　1回目の放送で質問のtomorrowをしっかりと聞き取り，2回目の放送では女の子の「明日」の行動に集中しましょう。女の子の最後のセリフのI need to do it tomorrow.のitはmath homeworkのことなので，**4**が正解です。**2**の「絵を描く」は，今していることです。

14
日目

リスニング2

15日目 リスニング 第3部

文の内容を聞き取る問題

今日の目標 人物に関する文とアナウンスの特徴を知ろう！

第3部は，英文を聞いて，英文に関する質問に答える問題です。英文は，大きく分けて，特定の人物に関するものとアナウンスの2種類があります。質問と選択肢の傾向は第2部と似ています。

ポイント1 人物に関する文の聞き取りをマスターしよう

人物に関する英文には，Helen is ～「ヘレンは～」など他人について話すパターンと，Yesterday, I was ～「昨日，私は～」など主語が I のパターンがあります。

例題 をみてみよう！

🔊 32

(印刷された選択肢)

1 Helen.　**2** Helen's father.　**3** Helen's mother.　**4** Helen's aunt.

(放送される英文)

Helen comes from a musical family.　Her father is a pianist and her mother is a violinist.　Her aunt is a flute teacher, and Helen wants to be a professional singer.

Question: Who plays the violin?

訳 ヘレンは音楽一家の出身です。彼女の父親はピアニストで，母親はバイオリニストです。おばはフルートの先生で，ヘレンはプロの歌手になりたいと思っています。

質問:だれがバイオリンを弾きますか。

1 ヘレン。　**2** ヘレンの父親。　**3** ヘレンの母親。　**4** ヘレンのおば。

解説 Who ～?「だれ～?」→選択肢「人物」の問題です。1回目の放送では「ヘレンの家族」「音楽」という話題をつかみ，質問では violin「バイオリン」をしっかりと聞き取りましょう。her mother is a violinist から，**3**が正解です。　　　　　**解答：3**

英文には「人物」や「楽器」に関する表現がいくつか出ており，質問で violin を聞き取ったら，2回目の放送では「バイオリン」に関する部分を集中して聞きます。

ポイント2 ストーリーのパターンを知ろう

もう少しストーリー性がある英文を見てみましょう。Why ～?「なぜ～?」→選択肢「理由」のパターンがその1つです。

🔊)) 33

（印刷された選択肢）

1 There was no dance lesson.　**2** Her old friend called her.

3 She met a famous dancer.　**4** She won a contest.

（放送される英文）

Yesterday, I danced in a contest.　I couldn't win, but I had a lot of fun. After my performance, I had a chance to talk to a famous dancer.　I was very excited.

Question: Why was the woman excited?

訳　昨日，私はコンテストでダンスをしました。私は優勝できませんでしたが，とても楽しみました。演技の後，私は有名なダンサーと話す機会がありました。私はとても興奮しました。

質問：女性はなぜ興奮したのですか。

1 ダンスのレッスンがなかった。　**2** 彼女の昔の友達から電話があった。

3 彼女は有名なダンサーに会った。　**4** 彼女はコンテストで優勝した。

解説　質問では「女性が興奮した理由」が問われています。質問のexcitedが英文の最後の I was very excited. にあります。興奮した理由はその前の「有名なダンサーと話す機会があった」からです。この had a chance to talk to を met「〜に会った」と表した**3**が正解です。英文には so「だから」や because「なぜなら〜だから」がなく，「〜だから興奮した」と「理由」を直接的には話していませんが，ストーリーを追っていれば流れはつかめます。 I couldn't win と言っているので**4**は不適切です。　　**解答：3**

例題の英文の I couldn't win, but I had a lot of fun. に着目しましょう。but はストーリーの展開を示す大事な語の1つで，but 以下の内容が重要になります。ここでは優勝しなかったことよりも（コンテストを）楽しんだことが大事，という話し手の意図があります。

第3部の英文では，but などのストーリーの展開を示す語がポイントになることがよくあります。具体的にいくつか見てみましょう。考えられる質問と答えの例も参考にしてください。

> ①も②も but 以下の内容が大事→but 以下の内容が問われやすいよ。

① but「〜だが，しかし」➡後に重要な内容が続く

I took my wallet with me, but there was no money in it.

「私は財布を持っていったのですが，お金がまったく入っていませんでした」

質問と答えの例：What was the man's problem? － He didn't have money.

「男性の問題は何でしたか」－「彼はお金を持っていなかった」

② At first, ... But ....「最初は…だった。しかし…」➡But 以下で最初と状況が変わる

At first, I wasn't good at playing tennis. But I practiced a lot and I won a match.

「最初，ぼくはテニスをするのが得意ではありませんでした。でも，たくさん練習して試合に勝ちました」

質問と答えの例：What happened to the boy? － He won a tennis match.

「男の子に何がありましたか」－「彼はテニスの試合に勝ちました」

131

③ **always**「いつも」，**usually**「ふだん」など➡後に「いつもとは違う」行動などが続く

Greg <u>always</u> ～. <u>Last</u> year, he ～. <u>This</u> year, he'll ～.

「グレッグは<u>いつも</u>～します。<u>昨年</u>，彼は～しました。<u>今年</u>，彼は～するでしょう」

　このように，「ふだん」「過去」「未来」の話が混在するパターンもあります。このような文では，文頭のLast yearなどの「時を表す語句」を意識して，「いつ」「何」をしたかに注意しながら聞きましょう。質問では，「いつも，ふだん」以外について問われる傾向があります。

 34

✏️ butを意識して次の英文を読みましょう。音声で質問を聞き，その答えとして適切な方を⑦，⑦から選んでください。

Every Sunday I go fishing, <u>but</u> last Sunday, I went cycling instead.

⑦ He went fishing.

⑦ He went cycling.

> insteadに着目。「代わりに何をしたか」が問われやすいよ。

解答：⑦（サイクリングに行った）
　　　（ぼくは毎週日曜日に釣りに行きますが，この前の日曜日は代わりにサイクリングに行きました）
　　　Question: What did the boy do last Sunday?（男の子はこの前の日曜日に何をしましたか）

ポイント3 ◀ アナウンスの聞き取りをマスターしよう

　第3部では「アナウンス」の問題も出題されます。買い物客向けの店内放送，空港や機内・列車内での乗客向けのアナウンス・案内，生徒に向けた先生の指示，ツアーガイドの説明など，幅広い内容のアナウンスがあります。

【アナウンスでよくある冒頭の表現】

Thank you for ～.「～をありがとうございます」

Welcome to ～.「～へようこそ」

Attention, shoppers.「お買い物中のお客さまにお知らせします」

Attention, all students.「生徒の皆さんにお知らせします」

Good morning, everyone.「皆さん，おはようございます」

🖉 **例題 をみてみよう!**

（印刷された選択肢） 35

1 At an aquarium.　　　　**2** At a camping area.
3 On a ship.　　　　　　　**4** On a farm.

（放送される英文）

Welcome to Adventure Wild. We have two zones in this building. In the sea zone, there is a dolphin show at 2 p.m. In the river zone, you can touch turtles and fish. They are very friendly.

Question: Where is the man talking?

🔊 36

▶ 同じアナウンスを使って，違（ちが）う問題を解（と）いてみましょう。英文と質問（しつもん）を聞いて，その答えとして最も適切（てきせつ）なものを下の㋐〜㋑の中から選んでください。

　㋐ Ride a horse.　　　　㋑ See a dolphin show.
　㋒ Learn about turtles.　㋑ Touch some fish.

解答（かいとう）：㋑（イルカのショーを見る）

Question: What can people do in the sea zone?（人々は海のゾーンで何ができますか）

> 聞き手（＝来館者）ができることが問われているよ。「いつ」「どこで」「何」ができるかを整理しながら聞こう。

【アナウンスでよくある状況設定（じょうきょうせってい）】

① 営業時間（えいぎょう）やセールのお知らせの店内放送

We are open from 10 a.m. to 5 p.m.「当店は午前10時から午後5時まで営業（えいぎょう）しております」
Snow boots are only $20.「スノーブーツがたったの20ドルです」
Everything is 40 percent off!「全商品が40パーセント割引（わりびき）です！」

> 店や会社を表す主語にはWeを使うことが多いよ。

② 学校や施設（しせつ）のイベントの案内

There is a special concert in the gym today.
「本日，体育館で特別なコンサートがあります」
On the second floor, there will be a piano concert from three o'clock.
「2階では，3時からピアノのコンサートがあります」

③ 生徒への指示（しじ）

Go to the cafeteria and 〜.「食堂（しょくどう）へ行って〜してください」
You need [have] to read 〜.「（生徒の）皆（みな）さんは〜を読まなければなりません」

④ 問題点のお知らせ

The escalators in this building are broken.「この建物のエスカレーターは故障（こしょう）しています」
The game has been canceled.「試合は中止になりました」
Because of the bad weather, ...「悪天候のため，…」　※because of 〜は「〜が理由で」。

15
日目

リスニング3

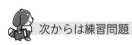 次からは練習問題　　133

英文と質問を聞き，その答えとして最も適切なものを**1**，**2**，**3**，**4**の中から一つ選びなさい。
英文は二度放送され，解答時間はそれぞれ10秒です。

☐ **No. 1**　**1** This morning.
　　　　　　2 This afternoon.
　　　　　　3 Tomorrow.
　　　　　　4 Next week.

☐ **No. 2**　**1** A tour guide.
　　　　　　2 A police officer.
　　　　　　3 A chef.
　　　　　　4 A farmer.

☐ **No. 3**　**1** He missed his bus.
　　　　　　2 He went to the doctor.
　　　　　　3 His clock was broken.
　　　　　　4 He got up late.

☐ **No. 4**　**1** Practice volleyball.
　　　　　　2 Join a basketball team.
　　　　　　3 Make many friends.
　　　　　　4 Study harder.

☐ **No. 5**　**1** Her new house.
　　　　　　2 Her pet.
　　　　　　3 Her Christmas presents.
　　　　　　4 Her friends.

ヒント　No. 1 in ～ week(s)：～週間後に　　prize：賞　　No. 2 national park：国立公園
plant：植物　　rose：バラ　　No. 3 ride：～に乗る　　be late for ～：～に遅れる
No. 4 join：～に参加する　　be interested in ～：～に興味がある
volleyball：バレーボール　　No. 5 name *A B*：AをBと名付ける
smartphone：スマートフォン　　message：メッセージ

☐ **No. 6**　**1** Study math.
　　　　　2 Write a report.
　　　　　3 Take a photo.
　　　　　4 Help her family.

☐ **No. 7**　**1** All the flights have been canceled.
　　　　　2 The service desk is closed.
　　　　　3 There is no hotel near the airport.
　　　　　4 There was an accident.

☐ **No. 8**　**1** Beth.
　　　　　2 Beth's mother.
　　　　　3 Beth's father.
　　　　　4 Beth's sister.

☐ **No. 9**　**1** A hat.
　　　　　2 A jacket.
　　　　　3 Her lunch.
　　　　　4 Her drink.

☐ **No. 10**　**1** Give a speech.
　　　　　　2 Teach their language.
　　　　　　3 Show their dances.
　　　　　　4 Sing some songs.

ヒント
No. 6 report：レポート　　No. 7 Attention, ～.：～にお知らせします。
passenger：乗客　　heavy snow：大雪　　flight：（飛行機の）便
cancel：～を取り消す　　service desk：サービスデスク
information：情報　　hotel：ホテル　　No. 8 instead：代わりに
No. 9 go hiking：ハイキングに出かける　　No. 10 news：お知らせ
Brazil：ブラジル　　Brazilian：ブラジルの　　welcome：～を歓迎する

15
日目

リスニング3

No. 1 解答 3 🔊)) 37

I like taking photos. This morning, I got a new camera from my father. He will take me to the park tomorrow. I have a photo contest in two weeks. I hope my photo will get a prize.

Question: When will the boy go to the park?

> ぼくは写真を撮るのが好きです。今朝，父から新しいカメラをもらいました。父は明日，ぼくを公園に連れて行ってくれます。2週間後に写真コンテストがあります。ぼくの写真が入賞することを願っています。
>
> **質問**：男の子はいつ公園に行きますか。
>
> **1** 今朝。　　　　　**2** 今日の午後。　　　　**3** 明日。　　　　**4** 来週。

解説 When ～?「いつ～？」→選択肢「時」の問題です。This morning, tomorrow, in two weeksという「時を表す語句」が複数出てくるので，「いつ」「何」をするかを聞き分ける必要があります。1回目の放送の質問からgo to the parkをしっかり聞き取って，2回目の放送では「いつ」公園に行くのかを集中して聞きましょう。He will take me to the park tomorrow.から，**3**が正解です。take me to ～「ぼくを～に連れて行ってくれる」を，質問ではgo to ～「～に行く」と表している点も確認しましょう。

No. 2 解答 1 🔊)) 38

Now, we have arrived at Eden National Park. Today, we'll see some plants and flower gardens. At this time of the year, the rose garden is especially beautiful. There is a restaurant by the rose garden, and we'll have lunch there.

Question: Who is talking?

> さあ，イーデン国立公園に到着しました。今日，私たちはいくつかの植物や花庭園を見ます。1年の中でこの時期は，バラ園が特に美しいです。バラ園のそばにレストランがありますので，そこで昼食を取ります。
>
> **質問**：だれが話していますか。
>
> **1** ツアーガイド。　　**2** 警察官。　　　　**3** シェフ。　　　　**4** 農場経営者。

解説 アナウンスの問題です。選択肢には職業が並んでおり，だれが話しているかが問われています。冒頭のNow, we have arrived ....から，どこかに到着した場面を想像しましょう。Today, ...以下ではEden National Parkという公園の説明や行動予定を話しているので，**1**が正解です。

No. 3 解答 4 🔊)) 39

Tom rides his bike to school every day. His first class starts at 8:15. But this morning, he didn't get up until 8:00, so he arrived at school at 8:30.

Question: Why was Tom late for school?

> トムは毎日，自転車に乗って学校へ行きます。彼の1時間目の授業は8時15分に始まります。しかし今朝，彼は8時まで起きなかったので，8時30分に学校に着きました。
>
> **質問**：トムはなぜ学校に遅刻しましたか。
>
> **1** 彼はバスに乗り遅れた。　　　　　　**2** 彼は医者へ行った。
> **3** 彼の時計が壊れていた。　　　　　　**4** 彼は寝坊した。

解説 質問では「遅刻の理由」が問われています。時刻がいくつか出てきますが，8時15分に授業が始まるのに対し，トムは8時まで起きずに8時30分に学校に着いた（＝遅刻した）と言っています。つまり遅刻の原因は「寝坊」と判断して，**4**が正解です。話が展開するBut this morning以下をよく聞きましょう。

No. 4　解答 2　🔊 40

Naoko is thinking about joining a club in high school. She's interested in volleyball, but her sister told her to join her school's basketball team.

Question: What did Naoko's sister tell her to do?

ナオコは高校でクラブに入ることを考えています。彼女はバレーボールに興味がありますが，姉は彼女に彼女の学校のバスケットボール部に入るように言いました。

質問：ナオコの姉は彼女に何をするように言いましたか。

1 バレーボールを練習する。　　　　　　**2** バスケットボール部に入る。
3 たくさんの友達を作る。　　　　　　　**4** もっと一生懸命に勉強する。

解説 〈tell＋人＋to do〉「（人）に～するように言う」を含む質問を聞き取れるようにしておきましょう。ここでは「ナオコの姉は彼女（＝ナオコ）に何をするように言ったか」という意味で，英文の最後のher sister told her to join her school's basketball teamがポイントです。このtold herのherもナオコのことなので，**2**が適切です。

No. 5　解答 3　🔊 41

My favorite day of the year is Christmas. Every year, I get a present from my parents. Last year, I got a dog and we named him Luke. This year, I got a smartphone. I enjoy sending messages to my friends.

Question: What is the girl talking about?

私の1年で一番好きな日はクリスマスです。毎年，両親からプレゼントをもらいます。昨年，私は犬をもらい，私たちはそれをルークと名付けました。今年，私はスマートフォンをもらいました。友達にメッセージを送るのを楽しんでいます。

質問：女の子は何について話していますか。

1 新しい家。　　　　**2** ペット。　　　　**3** クリスマスプレゼント。　　**4** 友達。

解説 What is ～ talking about?「～は何について話していますか」は英文の全体的な内容を問う問題で，英文全体から判断します。最初に「1年で一番好きな日はクリスマス」と述べた後，昨年と今年のクリスマスプレゼントについて話していることから，**3**が適切です。

No. 6　解答　3　🔊 42

I have a lot of homework today. I've finished my math homework and an English report. I also have to take a photo of my family for art class. I'm going to do that after dinner.

Question: What will the girl do after dinner?

今日は宿題がたくさんあります。数学の宿題と英語のレポートは終わりました。美術の授業のために家族の写真も撮らなければなりません。それは夕食後にするつもりです。

質問：女の子は夕食後に何をしますか。

1 数学を勉強する。　　　　　　　　　**2** レポートを書く。

3 写真を撮る。　　　　　　　　　　　**4** 家族を手伝う。

解説　話題は「今日の宿題」で，何が終わって何をまだやっていないかを聞き分けることがポイントです。質問のafter dinnerをしっかり聞き取りましょう。「夕食後」については最後にI'm going to do that after dinner.と言っていますが，このdo thatはtake a photo of my family for art classのことです。これを「写真を撮る」と短く表した**3**が正解です。**1**と**2**はすでに終えたことなので不適切です。familyを含む**4**にも惑わされないようにしましょう。

No. 7　解答　1　🔊 43

Attention, all passengers. Because of the heavy snow, all the flights today have been canceled. Please go to the service desk and get information about the hotels you can stay at. Thank you.

Question: What is the problem?

ご搭乗の皆さまにお知らせいたします。大雪のため，本日のすべての便が欠航になりました。サービスデスクに行き，お客さまが滞在できるホテルに関する情報を入手してください。よろしくお願いします。

質問：問題は何ですか。

1 すべての便が欠航になった。　　　　**2** サービスデスクが閉まっている。

3 空港の近くにホテルがない。　　　　**4** 事故があった。

解説　冒頭のAttention, all passengers.や，flights, service deskなどから，空港でのアナウンスだとわかります。「問題は何か」という質問なので，2回目の放送では「問題点，困った事態」を集中して聞き取りましょう。Because of the heavy snow, all the flights today have been canceled.から**1**が正解です。

No. 8　解答　1　🔊 44

Last year, Beth's mother made breakfast for the family every day. But this year, Beth got a new job. She has to leave home at 7:30 every morning, so she started to get up early and make breakfast instead.

Question: Who makes breakfast now?

昨年は，ベスの母親が毎日家族のために朝食を作っていました。しかし今年は，ベスは新しい仕事に就きました。彼女は毎朝7時30分に家を出なければならないので，早く起き始め，代わりに朝食を作り始めました。

質問：今はだれが朝食を作りますか。

1 ベス。　　　　　**2** ベスの母親。　　　　**3** ベスの父親。　　　　**4** ベスの姉［妹］。

Last year, ... <u>But this year</u>, ... というストーリー展開です。質問ではnowをしっかり聞き取って，「今」のことが問われていることを理解しましょう。「今」のことはthis year以降で述べられています。she started to ... make breakfast insteadのsheはBethのことなので，**1**が正解です。最後のinsteadは「（母親の）代わりに」という意味です。

No. 9　解答　4　🔊 45

Laura went hiking last weekend. She took a hat and her lunch with her, but she forgot her drink. Luckily, there was a shop along the way and she could get a bottle of water.

Question: What did Laura forget to take?

ローラは先週末，ハイキングに出かけました。彼女は帽子と昼食は持っていきましたが，飲み物を忘れました。幸い，道中に店があり，彼女は水を1本買うことができました。

質問：ローラは何を持っていくのを忘れましたか。

1 帽子。　　　　　**2** 上着。　　　　　**3** 彼女の昼食。　　　　　**4** 彼女の飲み物。

解説 質問のforgetをしっかり聞き取りましょう。ハイキングに持っていったものを2つ（a hat and her lunch）述べた後，butに続いてshe <u>forgot</u> her drinkと言っているので，**4**が正解です。ストーリー展開を示す文頭の副詞として，Luckily [Fortunately]「幸いにも」，Suddenly「突然」などがあることも知っておきましょう。

No. 10　解答　3　🔊 46

Attention, all students. We have important news today. Some students are coming to our school from Brazil this winter. They'll show us Brazilian dances. Let's welcome them and sing some Japanese songs for them.

Question: What will the Brazilian students do?

全校生徒の皆さんにお知らせします。今日は大切なニュースがあります。この冬，本校にブラジルから数名の生徒がやって来ます。彼らはブラジルのダンスを見せてくれる予定です。彼らを歓迎し，彼らのために日本の歌をいくつか歌いましょう。

質問：ブラジルの生徒たちは何をしますか。

1 スピーチをする。　　　　　　　　**2** 彼らの言語を教える。
3 彼らのダンスを見せる。　　　　　　**4** いくつかの歌を歌う。

解説 冒頭のAttention, all students.から，全校生徒に向けた校内放送を想像しましょう。ブラジルから来る生徒がすることと，受け入れ側のこの学校の生徒（＝このお知らせの聞き手）がすることを聞き分けることがポイントになります。質問のBrazilianをしっかり聞き取って，2回目の放送ではブラジルの生徒がすることに意識を向けましょう。They'll show us Brazilian dances.から，**3**が正解です。**4**はこの学校の生徒がすることなので不適切です。

実力完成模擬テスト

筆記　試験時間 **65**分

1 次の**(1)**から**(15)**までの（　　　）に入れるのに最も適切なものを**1, 2, 3, 4**の中から一つ選び，その番号のマーク欄をぬりつぶしなさい。

---

(1) *A:* What are your plans for summer vacation?
　　B: I haven't (　　　) yet, but I want to travel around Europe.
　　1 wrapped　　　**2** wasted　　　**3** decided　　　**4** expected

(2) *A:* Fred is practicing tennis really hard.
　　B: Right.　Maybe his (　　　) is to win all the matches this year.
　　1 goal　　　**2** entrance　　　**3** secret　　　**4** memory

(3) Every Monday, Keiko goes (　　　) home after school because she wants to watch her favorite TV program.
　　1 forever　　　**2** suddenly　　　**3** straight　　　**4** clearly

(4) *A:* My answer is wrong.　Could you give me the (　　　) answer, Mr. Brown?
　　B: It is on the next page.
　　1 heavy　　　**2** careless　　　**3** correct　　　**4** bright

(5) Today, most people think it is bad to throw away too many things.　It is important to think about our (　　　).
　　1 foot　　　**2** chance　　　**3** planet　　　**4** number

(6) *A:* Is Kenji a fast runner?
　　B: Yes.　He is so fast that (　　　) can catch him.
　　1 anything　　　**2** all　　　**3** another　　　**4** nobody

(7) Last night, Mr. Taylor couldn't sleep well because of the (　　　) coming from the neighbors.
　　1 noise　　　**2** reason　　　**3** opinion　　　**4** wish

(8) Mary is having some trouble with her 3-year-old son. He never wants to share toys (   ) other children.

1 by   **2** with   **3** for   **4** on

(9) *A:* Peter, you should (   ) off your cap when you have a meal.
B: OK, Mom.

1 call   **2** turn   **3** take   **4** choose

(10) William is going to Hawaii on vacation next month. He is going to buy a travel bag and a new (   ) of sunglasses.

1 place   **2** cup   **3** pair   **4** front

(11) *A:* Cindy, how was the English test?
B: I'm not sure, but I (   ) my best.

1 did   **2** took   **3** made   **4** put

(12) *A:* I'm (   ) of eating fast food.
B: Me, too. Let's cook something healthy at home.

1 filled   **2** tired   **3** ordered   **4** surprised

(13) *A:* Were you (   ) to Susan's party last weekend?
B: Yes, but I didn't go. I had a terrible cold.

1 invite   **2** inviting   **3** invited   **4** to invite

(14) Every summer, I visit my uncle (   ) in New York.

1 work   **2** works   **3** working   **4** worked

(15) *A:* Do you know (   ) Ted's birthday is?
B: Yes. It's September 10.

1 why   **2** which   **3** where   **4** when

2 次の(16)から(20)までの会話について, ( ) に入れるのに最も適切なものを**1**, **2**, **3**, **4**の中から一つ選び, その番号のマーク欄をぬりつぶしなさい。

(16) **Father:** Ann, can you go to the post office? I need some stamps.
Daughter: Sorry, Dad. ( ) Please ask Mom.
1 She is out now.   **2** It's my pleasure.
3 You can take me there.   **4** I'm busy now.

(17) **Girl:** I hear you got a perfect score on the test. ( )
Boy: Not really. It was just easy.
1 When is the next test?   **2** Have you done your homework?
3 Did you study hard?   **4** What do you want to be?

(18) **Man 1:** Mark, ( ) You don't look well.
Man 2: I'm hungry. I didn't have time for lunch today.
1 are you all right?   **2** where are you going?
3 can you help me?   **4** what did you eat for breakfast?

(19) **Girl:** Have you ever been to Hokkaido, Jim?
Boy: No, I haven't, but ( ) I'm looking forward to the snow festival.
1 I had a great time.   **2** it's not my turn.
3 anytime is fine.   **4** I'm going this winter.

(20) **Husband:** I like this shirt.
    Wife: Are you going to buy the same shirt again? ( )
Husband: Yes, but the colors are all different.
1 I have a better idea.   **2** You already have two of them.
3 You have to return it.   **4** The mirror is over there.

次の掲示の内容に関して，(21)と(22)の質問に対する答えとして最も適切なものを 1, 2, 3, 4 の中から一つ選び，その番号のマーク欄をぬりつぶしなさい。

Collecting Money for the Children's Hospital

On October 6, Thompson School will have a sale after school.
The money we collect will be sent to a hospital for children.

Date / Time : Monday, October 6 from 3:00 p.m. to 5:00 p.m.
Things for sale: Homemade sweets, used books and toys, and more!
Place : Playground at Thompson School

Please do not come by car. We are now repairing the wall of the parking area, so there is not enough space for your cars.

For the sale, please bring the things you don't need to the school between October 1 and 3. Remember, we are NOT collecting clothes this year.

If you have any questions, ask Mr. Lewis.

(21) What will happen at Thompson School on October 6?
 1 The school will have a new parking area.
 2 The school will sell things to collect money.
 3 The students will meet children in hospital.
 4 The students will learn how to make sweets.

(22) What should people do by October 3?
 1 Talk to Mr. Lewis.
 2 Collect used books and clothes.
 3 Practice their performance for the event.
 4 Bring the things they don't need to the school.

次のＥメールの内容に関して，**(23)**から**(25)**までの質問に対する答えとして最も適切なもの，または文を完成させるのに最も適切なものを**1**，**2**，**3**，**4**の中から一つ選び，その番号のマーク欄をぬりつぶしなさい。

From: Ayumi Suzuki
To: Jenny Parker
Date: September 22
Subject: Teaching Japanese

....

Dear Jenny,
Hello. My host sister, Wendy, told me about you. Wendy said you wanted to learn Japanese because you're going to Japan next March. I've never been a teacher before, but I'm glad to teach you some Japanese. Wendy also said you were going to stay in Tokyo. I'm from Yokohama near Tokyo, so maybe I can also tell you about the area. I'll stay here in Seattle until December, so we have three months to study together. Would you like to come to my place, or shall I go to yours? I'm not sure how to get to your place. I'm free on Wednesday and Friday evenings, and Saturday mornings.
See you,
Ayumi

From: Jenny Parker
To: Ayumi Suzuki
Date: September 23
Subject: Thank you

....

Dear Ayumi,
Thank you for your e-mail. I'm Wendy's cousin, and she told me about you when she called me last time. I'm interested in Japanese language and culture, so I'm very excited to go to Japan next spring. I take Japanese class at high school, but it's not enough. I'll stay in Japan for a year, so I hope I will be able to speak the language well. Can we meet once a week, every Friday? I can go to your place by bus after school. I'll get there around five o'clock, and my mom will pick me up at six. She works at a restaurant near your place. Please also tell me a lot about the Tokyo area. You'll be in Japan next year, so maybe we can meet in Japan, too, can't we? How exciting!
Hope to hear from you soon,
Jenny

(23) What does Jenny want Ayumi to do?
   1 Give her a Japanese lesson.
   2 Meet her host sister.
   3 Introduce her to a good Japanese teacher.
   4 Show her around Seattle.

(24) When will Ayumi go back to Japan?
   1 Next week.
   2 In three months.
   3 Next March.
   4 In one year.

(25) After the lessons, Jenny will
   1 take a bus to Wendy's place.
   2 go home in her mother's car.
   3 help her mother at her restaurant.
   4 have dinner with Ayumi.

The Oyster* Opening Contest

Oysters are a favorite food for a lot of people around the world. Some people cook them and others eat them raw.* Today, a lot of oysters eaten in Europe are raw. Most of these people go to restaurants to have a good raw oyster meal, so restaurants need good oysters.

There is an international oyster opening contest to decide the world's top oyster opener. The contest called the World Oyster Opening Championship is held in Galway, Ireland, in September. People who open oysters are called oyster shuckers.* The world's greatest oyster shuckers come to the contest every year. The oyster shuckers have to open 30 oysters in the shortest time. The fastest oyster shuckers can open the oysters in only a few minutes, but the fastest shucker may not always be the winner. They need to open the oysters carefully because the oysters have to look good, too.

The contest is part of a festival. This festival is known as the Galway International Oyster Festival. It was started by Brian Collins. He was the manager of a hotel and wanted more people to visit the area, so he decided to hold an oyster festival. He held the first Galway International Oyster Festival in 1954. The first oyster opening contest was in 1968. Now it has become a famous event.

Many other oyster opening contests are held around the world. The winners of these regional* contests are invited to the World Oyster Opening Championship. When oyster shuckers win these contests, they may not get much money, but they become famous in the oyster world.

*oyster: 牡蠣
*raw: 生の
*shucker: 殻を取る人，殻開け職人
*regional: 地域の

(26) Many people in Europe
  1 eat raw oysters.
  2 like to go abroad.
  3 have meals at restaurants.
  4 catch oysters by themselves.

(27) What do the shuckers have to do at the contest?
  1 Cook different oyster dishes.
  2 Make a speech about oysters.
  3 Open oysters fast and well.
  4 Eat oysters in a few minutes.

(28) Who started the Galway International Oyster Festival?
  1 A tourist who visited Ireland.
  2 A man who worked for a hotel.
  3 Some shops that sold oysters.
  4 An oyster restaurant in Europe.

(29) What happened in Ireland in 1968?
  1 Brian Collins opened a restaurant.
  2 Brian Collins sold the most oysters in the country.
  3 The contest winner opened 30 oysters in one minute.
  4 The first oyster opening contest was held at a festival.

(30) What is this story about?
  1 The oldest festival in Europe.
  2 The best way to eat oysters.
  3 The history of eating seafood.
  4 An interesting contest in Ireland.

4 ライティング（Eメール）

● あなたは，外国人の友達（Julia）から以下のEメールを受け取りました。Eメールを読み，それに対する返信メールを，□□□に英文で書きなさい。
● あなたが書く返信メールの中で，友達（Julia）からの2つの質問（下線部）に対応する内容を，あなた自身で自由に考えて答えなさい。
● あなたが書く返信メールの中で□□□に書く英文の語数の目安は，15語〜25語です。
● 解答は，解答用紙のEメール解答欄に書きなさい。なお，解答欄の外に書かれたものは採点されません。
● 解答が友達（Julia）のEメールに対応していないと判断された場合は，0点と採点されることがあります。友達（Julia）のEメールの内容をよく読んでから答えてください。
● □□□の下のBest wishes, の後にあなたの名前を書く必要はありません。

Hi,

Thank you for your e-mail.
I heard that your dance team entered a contest. I want to know more about it. How many dance teams were in the contest? And how was your team's performance?

Your friend,
Julia

Hi, Julia!

Thank you for your e-mail.

┌─────────────────────────────┐
│ 解答欄に記入しなさい。 │
└─────────────────────────────┘

Best wishes,

5 ライティング（英作文）

- ●あなたは，外国人の友達から以下の**QUESTION**をされました。
- ●**QUESTION**について，あなたの考えとその理由を2つ英文で書きなさい。
- ●語数の目安は25語〜35語です。
- ●解答は，解答用紙の英作文解答欄に書きなさい。なお，解答欄の外に書かれたものは採点されません。
- ●解答が**QUESTION**に対応していないと判断された場合は，0点と採点されることがあります。**QUESTION**をよく読んでから答えてください。

QUESTION
What kind of TV programs do you like to watch?

3級リスニングテストについて

1　このテストには，第1部から第3部まであります。
　　☆英文は第1部では一度だけ，第2部と第3部では二度，放送されます。
　　第1部：イラストを参考にしながら対話と応答を聞き，最も適切な応答を **1, 2, 3**
　　　　　の中から一つ選びなさい。
　　第2部：対話と質問を聞き，その答えとして最も適切なものを **1, 2, 3, 4** の中か
　　　　　ら一つ選びなさい。
　　第3部：英文と質問を聞き，その答えとして最も適切なものを **1, 2, 3, 4** の中か
　　　　　ら一つ選びなさい。
2　**No. 30** のあと，10秒すると試験終了の合図がありますので，筆記用具を置いてく
　ださい。

リスニング第1部 🔊)) 47〜57

No. 1

No. 2

No. 3

No. 4

No. 5

No. 6

No. 7

No. 8

No. 9

No. 10

No. 11   **1** At a bakery.

           2 In a library.

           3 In a sports store.

           4 At a furniture store.

No. 12   **1** Their stay in Singapore.

           2 The next English class.

           3 Their homework.

           4 A new student.

No. 13   **1** See a doctor.

           2 Stay home with her cat.

           3 Go to the mountains.

           4 Study at home.

No. 14   **1** She doesn't like parties.

           2 She had a guitar lesson.

           3 She had to cook dinner for her family.

           4 She celebrated her aunt's birthday.

No. 15   **1** He ate too much.

           2 He did not have breakfast.

           3 He lost his bag.

           4 He forgot his lunch.

No. 16 **1** This Wednesday.

            2 This Friday.

            3 Next Tuesday.

            4 Next Thursday.

No. 17 **1** Shopping.

            2 Gardening.

            3 Cooking.

            4 Walking.

No. 18 **1** Sam.

            2 Sam's uncle.

            3 Sam's mother.

            4 Sam's brother.

No. 19 **1** A magazine.

            2 A robot.

            3 A toy car.

            4 Some candy.

No. 20 **1** Practice soccer hard.

            2 Talk about the game.

            3 Wash the dishes.

            4 Turn up the TV.

No. 21　**1** A new zoo will open.
　　　　　2 She will meet an old friend.
　　　　　3 She is going to see koalas.
　　　　　4 Her uncle is going to visit her.

No. 22　**1** At 8:30.
　　　　　2 At 9:00.
　　　　　3 At 9:30.
　　　　　4 At 10:00.

No. 23　**1** He was too busy.
　　　　　2 He injured his arm.
　　　　　3 His bicycle was stolen.
　　　　　4 His mother was sick.

No. 24　**1** By bus.
　　　　　2 By bike.
　　　　　3 By car.
　　　　　4 On foot.

No. 25　**1** Go to Boston.
　　　　　2 Learn jazz music.
　　　　　3 Play in a concert.
　　　　　4 Finish his school.

No. 26 **1** A racket.

2 A travel bag.

3 A blanket.

4 A warm coat.

No. 27 **1** She had a piano lesson.

2 She played the piano in a concert.

3 She made cookies with her friend.

4 She went to a cooking school.

No. 28 **1** Go to Japan.

2 Travel around the world.

3 Work in America.

4 Open a language school.

No. 29 **1** Eat lunch.

2 See the garden.

3 Get on a bus.

4 Plant flowers.

No. 30 **1** At a concert.

2 At a restaurant.

3 In a music store.

4 In a school band.

実力完成模擬テスト 解答一覧

正解を赤で示しています（実際の試験ではＨＢの黒鉛筆またはシャープペンシルを使用してください）。

筆記解答欄				
問題番号	1	2	3	4
(1)			3	
(2)	1			
(3)			3	
(4)			3	
(5)			3	
(6)				4
(7)	1			
(8)		2		
(9)			3	
(10)			3	
(11)	1			
(12)		2		
(13)			3	
(14)			3	
(15)				4

（問題番号 1）

筆記解答欄				
問題番号	1	2	3	4
(16)				4
(17)			3	
(18)	1			
(19)				4
(20)		2		
(21)		2		
(22)				4
(23)	1			
(24)		2		
(25)		2		
(26)	1			
(27)		2		
(28)		2		
(29)				4
(30)				4

（問題番号 2: (16)〜(20)、3: (21)〜(30)）

※筆記4の解答例は167ページを，筆記5の解答例は168ページを参照してください。

リスニング解答欄				
問題番号	1	2	3	4
No. 1			3	
No. 2			3	
No. 3		2		
No. 4	1			
No. 5	1			
No. 6	1			
No. 7			3	
No. 8	1			
No. 9		2		
No. 10			3	
No. 11		2		
No. 12				4
No. 13		2		
No. 14				4
No. 15				4
No. 16			3	
No. 17		2		
No. 18				4
No. 19			3	
No. 20				4
No. 21			3	
No. 22		2		
No. 23		2		
No. 24			3	
No. 25	1			
No. 26			3	
No. 27			3	
No. 28	1			
No. 29	1			
No. 30				4

（第1部: No. 1〜10、第2部: No. 11〜20、第3部: No. 21〜30）

間違えた問題は，157ページからの解説をじっくり読み，しっかり復習しよう。

筆記1

(1) 解答 **3**

A: 夏休みの予定はどう？

B: まだ**決めて**いないけど，ヨーロッパ中を旅行したいな。

解説 動詞の問題。*A*に夏休みの予定を尋ねられて，*B*がどう答えるかを考えます。but以下の内容に着目して，**3**のdecidedを入れて「まだ決めていない」とすると意味が通ります。空所の前にhaven'tがあるので現在完了〈have+過去分詞〉で，正解のdecidedはdecide「(～を) 決める」の過去分詞です。**1** wrap「～を包む」，**2** waste「～をむだに使う」，**4** expect「～を期待する」の過去分詞。

(2) 解答 **1**

A: フレッドは本当に熱心にテニスを練習しているね。

B: そうだね。もしかすると彼の**目標**は今年のすべての試合に勝つことかもしれないね。

解説 名詞の問題。to以下の「今年のすべての試合に勝つこと」という内容に合うのは，goal「目標」です。**2** entrance「入り口」，**3** secret「秘密」，**4** memory「記憶」。

(3) 解答 **3**

毎週月曜日，お気に入りのテレビ番組を見たいので，ケイコは放課後**まっすぐ**帰宅します。

解説 副詞の問題。空所の前の動詞goesに合うのはstraight「まっすぐに」です。go straight homeで「まっすぐ [寄り道せずに] 帰宅する」という意味になります。**1** forever「永遠に」，**2** suddenly「突然」，**4** clearly「はっきりと」。

(4) 解答 **3**

A: 私の答えは間違っています。**正しい**答えを教えてもらえますか，ブラウン先生？

B: 次のページに載っていますよ。

解説 形容詞の問題。〈give + *A* + *B*〉「*A* に *B* を与える」の *B* がthe (　) answerに当たります。1文目のwrong「間違った」の反対の意味になるcorrect「正しい」が正解です。**1** heavy「重い」，**2** careless「不注意な」，**4** bright「明るい」。

(5) 解答 **3**

今日，たいていの人が，物を捨てすぎることは悪いことだと考えています。私たちの**惑星**について考えることが重要です。

解説 名詞の問題。空所を含む文はIt is ～ to do「…するのは～だ」の構文です。「たいていの人が物を捨てすぎることは悪いことだと考えている」という流れから，「私たちの惑星 (planet) について考えることが重要」とするのが適切です。our planetは「地球」を意味します。**1** foot「足」，**2** chance「機会」，**4** number「数」。

(6) 解答 **4**

A: ケンジは走るのが速いの？

B: うん。彼はあまりに速くて**だれも**彼を捕まえられないよ。

解説 代名詞の問題。空所を含む文は so ～ that ... 「とても～なので…」の構文です。走るのが速いのだから，「だれも捕まえられない」という意味になると考えられます。否定の意味になる nobody「だれも～ない」が正解です。**1** anything「（疑問文で）何か，（否定文で）何も，（肯定文で）何でも」，**2** all「すべてのもの［人］」，**3** another「もう１つ［１人］」。

(7) 解答 **1**

昨夜，テイラーさんは近所から聞こえてくる**騒音**が理由でよく眠れませんでした。

解説 名詞の問題。because of ～「～が理由で」に着目し，テイラーさんがよく眠れなかった理由を考えると，「近所から聞こえてくる騒音（noise）」が適切です。**2** reason「理由」，**3** opinion「意見」，**4** wish「願い，望み」。

(8) 解答 **2**

メアリーは３歳の息子に手を焼いています。彼は他の子どもたち**と**決しておもちゃ**を共有**したがらないのです。

解説 share とセットで用いる前置詞が問われています。share *A* <u>with</u> *B* で「A を B と共有する」という意味になります。この表現は動詞 share の方が空所になっていても対応できるようにしておきましょう。また，have some trouble with ～は「～で苦労する，～に手を焼く」という意味です。**1** by「～のそばに，～によって」，**3** for「～のために」，**4** on「～の上に」。

(9) 解答 **3**

A: ピーター，食事をするときは帽子**を脱ぐ**べきよ。

B: わかったよ，お母さん。

解説 空所の直後の off と your cap に着目して，take off ～「～を脱ぐ」とするのが適切です。この you should ～は軽い命令・義務を表します。**1** call「～を呼ぶ，～に電話する」，**2** turn off ～で「（明かりなど）を消す」，**4** choose「～を選ぶ」。

(10) 解答 **3**

ウィリアムは来月，休暇でハワイに行きます。彼は旅行用バッグと新しいサングラスを**１本**買うつもりです。

解説 sunglasses は「サングラス」という意味で，glasses「めがね」と同じく，数えるときは a pair of ～「１組［１対］の～」，two pairs of ～「２組［２対］の～」などの表現を使います。**1** place「場所」，**2** a cup of ～で「（カップ）１杯の～」，**4** in front of ～で「～の前に」。

(11) 解答 **1**

A: シンディ，英語のテストはどうだった？

B: わからないけど，**最善を尽くした**わ。

解説 空所の直後の my best に着目して，do *one's* best「最善を尽くす」の過去形にするのが適切です。I'm not sure は「（テストがよくできたかどうかは）わからない」という意味です。**2** take「～を取る」の過去形，**3** make「～を作る」の過去形・過去分詞，**4** put「～を置く」の過去形・過去分詞。

(12) 解答 **2**

A: ファストフードを食べるのはうんざりだよ。

B: 私もよ。家で何か健康的なものを料理しましょう。

解説 *B*が「私も」と同意して、家で料理することを提案していることから、空所にはファストフードを食べない理由としてマイナスイメージの語を入れるのが適切です。空所前後のbe動詞（am）とofに着目して、be tired of 〜「〜にうんざりしている、〜に飽きている」が適切です。**1** be filled with 〜で「〜でいっぱいである」、**3** order「〜を注文する」の過去形・過去分詞、**4** be surprised at 〜で「〜に驚く」。

(13) 解答 **3**

A: 先週末のスーザンのパーティーに招待された？

B: ええ、でも行かなかったわ。ひどい風邪をひいていたの。

解説 空所の直前のWere youに着目します。be動詞があるので空所の動詞は-ing形（進行形）か過去分詞（受け身）が考えられますが、「あなた」は「招待される」という受け身の意味が適切なので、過去分詞のinvitedが正解です。invite *A* to *B*で「AをBに招待する」の意味です。

(14) 解答 **3**

毎年夏に、私はニューヨークで働いているおじを訪ねます。

解説 空所前後のmy uncleとin New York「ニューヨークで」の関係を考えると、「ニューヨークで働いているおじ」という意味がふさわしいので、現在分詞のworkingが正解です。working in New Yorkが前の名詞my uncleを修飾する構造です。

(15) 解答 **4**

A: テッドの誕生日がいつか知っていますか。

B: はい。9月10日です。

解説 間接疑問の問題です。*B*がSeptember 10という日付を答えているので、when「いつ」が正解です。

筆記2

(16) 解答 **4**

父親：アン、郵便局に行ってくれない？　いくつか切手が必要なんだ。

娘：ごめんなさい、お父さん。今、忙しいの。お母さんに頼んで。

1 彼女は今、外出しているわ。　　　　　　**2** どういたしまして。

3 お父さんが私をそこに連れて行けるわ。　**4** 今、忙しいの。

解説 can you 〜?という父親の依頼を、娘はSorryと言って断っています。この後に続くのは、断る理由を説明している**4**が適切です。**2**のIt's my pleasure.はお礼に対する応答です。

(17) 解答 3

女の子：テストで満点を取ったそうね。一生懸命勉強したの？

男の子：そうでもないよ。単にテストがやさしかったんだよ。

1 次のテストはいつなの？　　　　　　　**2** 宿題はやったの？

3 一生懸命勉強したの？　　　　　　　　**4** あなたは何になりたいの？

解説 疑問文を入れる問題では，それに対する応答がポイントです。Not really. は「そうでもない」という意味で，男の子は「それほど一生懸命勉強した訳ではないけれど，単にテストがやさしかった（から満点を取れた）」と答えているので，「一生懸命勉強したの？」と聞いている**3**が正解です。

(18) 解答 1

男性1：マーク，大丈夫かい？　調子が悪そうだよ。

男性2：おなかがすいているんだ。今日は昼食を取る時間がなかったんだ。

1 大丈夫かい？　　　　　　　　　　　　**2** どこへ行くの？

3 手伝ってくれない？　　　　　　　　　**4** 朝食に何を食べたの？

解説 男性1の質問に対して，男性2は「空腹だ」という自分の状態とその理由を答えています。よって，空所に入る質問としては，男性2の様子を心配する**1**が適切です。

(19) 解答 4

女の子：今までに北海道に行ったことはあるの，ジム？

男の子：いや，ないけど，今年の冬に行くんだ。雪祭りを楽しみにしているんだ。

1 とても楽しかったよ。　　　　　　　　**2** ぼくの順番じゃないよ。

3 いつでもいいよ。　　　　　　　　　　**4** 今年の冬に行くんだ。

解説 「今までに北海道に行ったことはある？」という質問にジムはNoと答えていますが，その後にbutがあることに注目します。また，空所の後に「雪祭りを楽しみにしている」とあるので，今後行くことが決まっているという内容の**4**が適切です。I'm going の後に to Hokkaido が省略されています。**2**のturnは「順番」という意味の名詞です。

(20) 解答 2

夫：このシャツ，いいね。

妻：同じシャツをまた買うつもり？　あなたはそれをすでに2枚持っているよ。

夫：うん，でも色が全部違うんだ。

1 私にもっといい考えがあるわ。　　　　**2** あなたはそれをすでに2枚持っているよ。

3 あなたはそれを返品しなければならないわ。　　**4** 鏡はあそこにあるよ。

解説 店で夫がシャツを買おうとしている場面です。空所の前の文のsame「同じ」とagain「また」に着目して，**2**「あなたはそれ（＝シャツ）をすでに2枚持っている」を入れると，空所の後の「うん（＝持っている），でも色が全部違うんだ」にうまくつながります。**2**のtwo of them は夫がすでに持っている色違いの2枚のシャツのことです。

子ども病院のためにお金を集める

10月6日，トンプソン学校は放課後にセールを行います。
私たちが集めるお金は子どものための病院へ送られます。

日にち／時間：10月6日　月曜日　午後3時から午後5時まで
売る物　　　　：手作りのお菓子，中古の本やおもちゃなど，その他たくさん！
場所　　　　　：トンプソン学校の校庭

車で来ないようにしてください。現在，駐車場の壁を修理しているところなので，皆さんの車のスペースが十分にありません。

セールのために，10月1日～3日の間に不要な物を学校に持ってきてください。覚えておいてください，今年は衣服を集めません。

質問があれば，ルイス先生に尋ねてください。

(21) 解答 2

10月6日，トンプソン学校で何がありますか。
1 学校に新しい駐車場ができる。
2 学校がお金を集めるために物を売る。
3 生徒たちが入院している子どもたちに会う。
4 生徒たちがお菓子の作り方を習う。

解説 掲示の冒頭から，トンプソン学校でのセールの案内だとわかります。また，sale「セール，販売」という語と，箇条書きのThings for sale などの部分から，イベントではお菓子や物を販売することがわかります。イベント開催日は10月6日で，タイトル下のThe money we collect will be sent .... から，**2** が正解です。The money we collect はセールで物を売って集めるお金のことです。

(22) 解答 4

人々は10月3日までに何をすべきですか。
1 ルイス先生と話す。
2 中古の本や衣服を集める。
3 イベントに向けてパフォーマンスを練習する。
4 不要な物を学校に持ってくる。

解説 October 3 に関する情報を掲示から探します。下の方にあるFor the sale で始まる文のplease bring the things you don't need to the school between October 1 and 3 から，**4** が正解です。between October 1 and 3 を質問では by October 3 と表しています。bring *A* to *B* は「AをBに持ってくる」，the things you don't need は「あなたが必要としない物」という意味です。Remember, we are NOT .... の文から，**2** は不適切です。

筆記3B

送信者：アユミ・スズキ
受信者：ジェニー・パーカー
日付：9月22日
件名：日本語を教えること

────────────────────────────────────

ジェニーへ,
こんにちは。私のホストシスターのウェンディがあなたについて教えてくれました。あなたは来年の3月に日本へ行くので，日本語を学びたがっているとウェンディが言っていました。私はこれまで先生になったことはありませんが，喜んで日本語を教えますよ。ウェンディは，あなたが東京に滞在する予定だとも言っていました。私は東京の近くの横浜の出身なので，たぶんあなたにその地域についても教えることができると思います。私は12月までここシアトルにいるので，一緒に勉強する時間が3か月あります。あなたがうちに来るのがいいですか，それとも私があなたのところへ行きましょうか。あなたのお宅へはどうやって行けばいいかよくわかっていませんが。私は毎週水曜日と金曜日の晩と，土曜日の午前中が空いています。
では,
アユミ

送信者：ジェニー・パーカー
受信者：アユミ・スズキ
日付：9月23日
件名：ありがとう

────────────────────────────────────

アユミへ,
Eメールをありがとう。私はウェンディのいとこで，彼女が前回私に電話をしてきたときにあなたについて教えてくれました。私は日本語と日本文化に興味があるので，来年の春に日本へ行くことにとてもわくわくしています。私は高校で日本語の授業を受けているのですが，十分ではありません。1年間日本に滞在するので，日本語が上手に話せるようになることを願っています。週に1回，毎週金曜日に会えますか。放課後，バスであなたのところに行けます。5時頃にそちらに着いて，6時に母が車で迎えに来ます。母はあなたの家の近くのレストランで働いています。東京地方についてもたくさん教えてください。あなたは来年，日本にいるので，もしかすると私たちは日本でも会えるかもしれませんよね？　なんてわくわくするのでしょう！
すぐにお返事をくれるのを待っています,
ジェニー

(23) 解答 1

ジェニーはアユミに何をしてもらいたいのですか。
1 彼女に日本語のレッスンをする。
2 彼女のホストシスターに会う。
3 よい日本語の先生に彼女を紹介する。
4 彼女にシアトルを案内する。

解説 ジェニーがアユミにしてもらいたいことを読み取ります。1通目の3文目に Wendy said you wanted to learn Japanese とあり，次の文で I'm glad to teach you some Japanese とあります。I はアユミ，you はジェニーで，ジェニーはアユミに日本語を教えてもらいたいとわかるので，**1** が正解です。

(24) 解答 2

アユミはいつ日本に帰りますか。
1 来週。
2 3か月後。
3 来年の3月。
4 1年後。

解説 When 〜?の質問なので，本文中の「時」を表す表現に注意して読みます。アユミが日本に帰るのは，1通目の7文目 I'll stay here in Seattle until December から，12月だとわかりますが，「12月」を意味する選択肢はありません。この E メールを送ったのが September「9月」であることと，本文の続きの we have three months to study together から，12月まで3か月あることがわかります。つまり，日本に帰るのは **2** の「3か月後」です。**3** の「来年の3月」はジェニーが日本に行く時期です。

(25) 解答 2

レッスンの後，ジェニーは
1 バスに乗ってウェンディのところへ行く。
2 母親の車で家に帰る。
3 レストランで母親を手伝う。
4 アユミと夕食を食べる。

解説 質問の lessons はアユミの日本語のレッスンのことです。2通目の8文目 I'll get there around five o'clock, and my mom will pick me up at six. から，レッスンの後，6時にジェニーの母親がアユミのところに車で迎えに来ることがわかります。pick up 〜 [pick 〜 up] は「（人）を車で迎えに行く［来る］」という意味で，これを in 〜's car「〜の車で」と表した **2** が正解です。**1** の「バス」は，ジェニーがアユミのところへ行くときの交通手段です。

牡蠣の殻開けコンテスト

牡蠣は世界中の多くの人々にとって大好物の食べ物です。牡蠣を調理する人もいれば，生で食べる人もいます。今日，ヨーロッパで食べられる牡蠣の多くが生です。この人たちの多くがおいしい生牡蠣の料理を食べにレストランに行くので，レストランにはおいしい牡蠣が必要です。

世界一の殻開け名人を決める国際的な牡蠣の殻開けコンテストがあります。牡蠣の殻開け世界選手権と呼ばれるこのコンテストは，9月にアイルランドのゴールウェイで開催されます。牡蠣の殻を開ける人はoyster shucker（牡蠣の殻開け職人）と呼ばれます。世界トップクラスの牡蠣の殻開け職人たちが，毎年このコンテストにやって来ます。殻開け職人たちは30個の牡蠣を最短時間で開けなければなりません。最も速い牡蠣の殻開け職人だと牡蠣をわずか数分で開けることができますが，最も速い殻開け職人が優勝するとは限りません。牡蠣は見た目もよくなければならないので，丁寧に牡蠣を開ける必要があるのです。

このコンテストはお祭りの一部です。このお祭りはゴールウェイ国際牡蠣祭りとして知られています。それはブライアン・コリンズによって始められました。彼はあるホテルの支配人で，もっと多くの人にその地域を訪れてもらいたいと思ったため，牡蠣のお祭りを開催することにしました。彼は1954年に第1回ゴールウェイ国際牡蠣祭りを開催しました。最初の牡蠣の殻開けコンテストは1968年に行われました。今ではそれは有名なイベントとなっています。

他にも世界各地で多くの牡蠣の殻開けコンテストが開催されています。これら地域のコンテストの勝者は牡蠣の殻開け世界選手権に招待されます。牡蠣の殻開け職人たちは，これらのコンテストに勝ったとき，大金は手にしないかもしれませんが，牡蠣の世界で有名になります。

(26) 解答 1

ヨーロッパの多くの人々は
1 生の牡蠣を食べる。
2 外国に行くことを好む。
3 レストランで食事をする。
4 自分で牡蠣を採る。

解説 ヨーロッパの人々について書かれている第1段落からの出題です。3文目のa lot of oysters eaten in Europe are raw から，**1**が適切です。oysters eaten in Europe は「ヨーロッパで食べられる牡蠣」という意味です。

(27) 解答 3

殻開け職人はコンテストで何をしなければならないですか。
1 さまざまな牡蠣料理を作る。
2 牡蠣に関するスピーチを行う。
3 牡蠣の殻を速く上手に開ける。
4 数分で牡蠣を食べる。

解説 コンテストとshuckerという語について説明した第2段落からの出題です。5文目のThe oyster shuckers have to open 30 oysters in the shortest time. から，牡蠣の殻は速く（fast）開けなければならないことがわかります。また，同じ段落の最後のThey need to open the oysters carefully because the oysters have to look good, too. から，丁寧に（carefully）＝上手に（well）開けなければならないことがわかります。よって，**3**が正解です。

(28) 解答 2

だれがゴールウェイ国際牡蠣祭りを始めましたか。
1 アイルランドを訪れたある旅行者。
2 あるホテルで働いていた男性。
3 牡蠣を売っていたいくつかの店。
4 ヨーロッパのある牡蠣レストラン。

解説 the Galway International Oyster Festival というお祭りについて書かれた第3段落からの出題です。このお祭りを始めた人については，3～4文目It was started by Brian Collins. He was the manager of a hotel .... から，ブライアン・コリンズという人物が始め，彼はホテルの支配人だったことがわかります。よって，**2**が正解です。本文のIt was startedの主語のItは，前文のThis festival ＝ the Galway International Oyster Festivalのことです。was startedという受け身の形が，質問ではWho started ...? となっています。

(29) 解答 **4**

1968年，アイルランドで何がありましたか。
1 ブライアン・コリンズがレストランを開業した。
2 ブライアン・コリンズが国内で最も多くの牡蠣を売った。
3 コンテストの優勝者が30個の牡蠣を1分で開けた。
4 お祭りで初めての牡蠣の殻開けコンテストが開催された。

解説 質問の1968という数字を手がかりに本文を見ると，第3段落の6文目にThe first oyster opening contest was in 1968.とあります。その前の内容から，このコンテストはゴールウェイ国際牡蠣祭りの一部だとわかるので，**4**が正解です。

(30) 解答 **4**

この話は何についてですか。
1 ヨーロッパ最古のお祭り。
2 牡蠣の最適な食べ方。
3 魚介類を食べる歴史。
4 アイルランドの面白いコンテスト。

解説 まず，タイトルを見ると，oyster「牡蠣」とcontest「コンテスト」に関する文章だとわかります。本文を読んでいくと，第1段落では牡蠣という食べ物やヨーロッパについて，第2段落ではアイルランドで開催されている牡蠣の殻開けコンテストについて，第3段落ではそのコンテストが行われるお祭りについて，第4段落では世界各地のコンテストについて述べられています。oyster，contest，festivalをキーワードとして選択肢を見ていくと，**1**は，festivalというキーワードを含んでいますが，本文にヨーロッパ最古という説明はありません。**2**は，oysterというキーワードを含んでいて，第1段落に牡蠣を生で食べる話はありますが，「最適な食べ方」とは述べていません。**3**は，牡蠣はseafood「魚介類」と言えますが，牡蠣を食べる歴史を説明した文章ではありません。**4**の「アイルランドの面白いコンテスト」が最も適切です。

筆記4

解答例 ①

Ten dance teams were in the contest. I think we danced very well. We won the first prize. We were all excited!

(22語)

> こんにちは。メールをありがとう。あなたのダンスチームがコンテストに出たんだってね。それについてもっと知りたいな。コンテストにはいくつのダンスチームが出ていたの？　あなたのチームのパフォーマンスはどうだったの？　あなたの友達，ジュリア

> こんにちは，ジュリア！　メールをありがとう。10のダンスチームがコンテストに出ていたよ。私たちはとてもうまく踊れたと思う。1等賞を取ったんだ。みんな興奮したよ！　じゃあね。

解説 まず，友達のEメールのI heard that ～から，「ダンスチームがコンテストに出た」という話題をつかみましょう。

　1つ目の質問では出場したダンスチームの数が尋ねられており，質問の表現を使って〈数＋dance teams were in the contest.〉の形で答えることができます。もし質問がHow many teams entered the contest?なら，答え方はTen teams entered the contest.のようになります。数字が文頭にくるときは英語のつづりで書きましょう。

　2つ目の質問のhow was ～?は感想や様子を尋ねる表現です。ここではパフォーマンス（＝披露したダンス）について尋ねられており，単に「よかった」だけでなく，どのようによかったかを詳しく伝えましょう。解答例は，「とてもうまく踊れたと思う」と書いた後，「1等賞を取った」と具体的に説明し，「興奮した」と感想を加えて締めくくっています。

　なお，ダンスチームがどんな活動をしているかといったことは考えなくて構いません。contest「コンテスト」に出たという場面設定がイメージできれば大丈夫です。ダンス以外の，音楽，アート，スピーチ，スポーツなどのコンテストや大会であっても，同じような内容の解答が書けます。

解答例 ②

It was an exciting day! There were ten dance teams in the contest. We couldn't get a prize, but we did our best.

(23語)

> わくわくする日だったよ！　コンテストには10のダンスチームが出ていたよ。私たちは賞を取れなかったんだけど，最善を尽くしたよ。

解説 解答例②では，1文目でコンテスト全体についての感想を書いた後，2文目で1つ目の質問への返事を書いています。この解答例では〈There were ＋数＋名詞の複数形 ～.〉の形で表しています。3文目は2つ目の質問への返事で，パフォーマンスについて，「賞は取れなかったが，最善を尽くした」と説明しています。

　なお，解答例①のexcitedは「（人が）興奮した」，解答例②のexcitingは「（物事が）興奮させるような」という意味です。使い分けられるようにしておきましょう。

筆記5

解答例 ①

I like to watch sports programs. First, I like baseball, so I often watch games on TV. Second, it is fun to talk a lot with my family while we are watching sports together. (34語)

> **QUESTION**
> あなたはどんな種類のテレビ番組を見るのが好きですか。
>
> 私はスポーツ番組を見るのが好きです。第1に，私は野球が好きなので，テレビでよく試合を見ます。第2に，スポーツを一緒に見ながら家族とたくさん話すのは楽しいです。

解説 QUESTIONでは，好きなテレビ番組の種類を尋ねられています。「好きなテレビ番組」ではなく種類・ジャンルを尋ねているので，具体的な番組名を答えないようにしましょう。

まず，1文目ではQUESTIONに対する自分の答えを簡潔に書きます。解答例では，sports programs「スポーツ番組」だと答えています。他にはnews programs「ニュース番組」やdramas「ドラマ」，quiz shows「クイズ番組」，comedy shows「お笑い番組」などがあります。

次に，その番組の種類が好きな理由を2つ書きます。解答例では，First, ... Second, ... という形式を使っています。1つ目の理由は，「野球が好きだ」と書いた後，〜, so ...の形で「だからテレビでよく試合を見る」と続けています。A because B「A（結果）⇒なぜならB（原因・理由）だから」という形とあわせて，この解答例のようなA, so B「A（原因・理由）⇒だからB（結果）」の形も書けるようにしておくとよいでしょう。2つ目の理由のit is fun to 〜「〜することは楽しい」は，「楽しいこと」「好きなこと」を述べる際に使える便利な表現です。また，この文ではwhile「〜しながら，〜する間に」という接続詞が使われていて，このような接続詞が適切に使えるとよりレベルの高い英文になります。

解答例 ②

I like to watch comedy shows because they are funny. My family and I can enjoy our time together by watching them. Also, laughing a lot is good for health.　　　　　(30語)

> 私はお笑い番組を見るのが好きです。なぜなら，面白いからです。私の家族と私はそれを見ることで一緒に時間を楽しむことができます。また，たくさん笑うことは健康によいです。

解説 解答例②では，1文目で〈自分の考え＋because＋1つ目の理由〉を，Also, ...で2つ目の理由を書いています。1つ目の理由は，「面白いから」だけでは理由として不十分なので，My family and I ....で補足している点を確認しましょう。3文目のlaughing a lot is ...「たくさん笑うことは…」は動名詞を主語とした文です。

No. 1 解答 3 🔊48

★：Is something the matter?
☆：I can't find my red pen.
★：You can use mine.
1 Same to you.
2 I read it before.
3 Thank you.

★：どうかしたの？
☆：赤ペンが見当たらないの。
★：ぼくのを使っていいよ。
1 あなたもね。
2 以前にそれを読んだわ。
3 ありがとう。

解説 イラストから，オフィス内の男女の対話だとわかります。男性のmineはmy red penのことです。「ぼくの（赤ペン）を使っていいよ」と申し出ている男性に対し，お礼を述べる**3**が正解です。**1**のSame to you.はHave a nice weekend.「よい週末を」などと言われたときに「あなたもね」と答える表現です。**2**のreadは過去形で，red penのredと同じ発音なので気をつけましょう。

No. 2 解答 3 🔊49

★：Excuse me.
☆：Yes?
★：Do you know where the city hall is?
1 It's too late.
2 Yes, you're right.
3 Turn right at that traffic light.

★：すみません。
☆：はい？
★：市役所はどこかご存じですか。
1 遅すぎます。
2 ええ，あなたの言うとおりです。
3 あの信号で右に曲がってください。

解説 通りがかりの人に道を尋ねている場面です。対話最後のDo you know where the city hall is?は間接疑問文で，疑問詞whereを聞き取れるかがポイントになります。市役所への行き方を説明している**3**が正解です。

No. 3　解答 2

☆：What are you doing, Dad?

★：I'm making breakfast.

☆：Where is Mom?

1 A few minutes ago.

2 She's still sleeping.

3 I have to go now.

☆：何をしているの，お父さん？

★：朝食を作っているんだよ。

☆：お母さんはどこ？

1 数分前に。

2 まだ寝ているよ。

3 ぼくはもう行かなければならないよ。

解説 イラストは，寝起きの女の子が料理をしている父親と話している場面です。「お母さんはどこ？」に対して，「まだ寝ている」と答えている**2**が適切です。このように，Where ～? に対して具体的な場所を答える応答ばかりではないので，注意しましょう。

No. 4　解答 1

★：Can I help you?

☆：I'm looking for a bath mat.

★：We have some here.　What color would you like?

1 I'd like something dark.

2 That's a good idea.

3 You're welcome.

★：いらっしゃいませ，何かお手伝いしましょうか。

☆：バスマットを探しているのですが。

★：こちらにいくつかございます。何色がよろしいですか。

1 暗い色のものがいいです。

2 それはいい考えです。

3 どういたしまして。

解説 店員と客の対話です。What color ～? と色を尋ねられているのに対し，赤や青などの具体的な色ではなく，「暗い色のもの」と答えている**1**が正解です。something dark は「何か暗い色のもの（＝暗い色のバスマット）」ということです。

No. 5　解答　1 🔊 52

☆：What are you watching?

★：An adventure film.

☆：Is it exciting?

1 Yes, it is.

2 No, I don't have it.

3 I'd like to go.

> ☆：何を見ているの？
> ★：冒険映画だよ。
> ☆：面白い？
> **1** うん，面白いよ。
> **2** いや，ぼくはそれを持っていないよ。
> **3** ぼくは行きたいな。

解説 「それ（＝冒険映画）は面白い？」という質問に対し，単純に「うん，面白いよ」と答えている**1**が適切です。このような基本的な質問➡応答の形の問題は確実に正解できるようにしましょう。

No. 6　解答　1 🔊 53

☆：Are you using the computer?

★：Yes. I have to finish my history report.

☆：When will you finish?

1 In ten minutes.

2 Yes, it's useful.

3 I'll help you.

> ☆：コンピューターを使っているの？
> ★：うん。歴史のレポートを仕上げなきゃならないんだ。
> ☆：いつ終わる？
> **1** 10分後に。
> **2** うん，それは役に立つよ。
> **3** 手伝うよ。

解説 When ～?の質問に対し，「10分後に（終わるよ）」と具体的に「時」を答えている**1**が正解です。このin ～ minute(s)「～分後に」はリスニング問題によく出るので慣れておきましょう。

No. 7　解答　3　🔊 54

★：What's the problem, Lucy?

☆：I don't know what this word means.

★：Look in your dictionary.

1 I'm afraid so.

2 This is mine.

3 OK. I will.

★：どうしたの，ルーシー？

☆：この単語の意味がわからないんです。

★：辞書を引いてごらん。

1 残念ながらそうです。

2 これは私のものです。

3 はい。そうします。

解説　教室内での先生と生徒の対話です。先生のLook in your dictionary. は，わからない単語があると言うルーシーに対し，「辞書でその単語を引いてみなさい」という意味です。この先生のアドバイスを受け入れている**3**が適切です。I will. は，I will look in my dictionary. のlook以下を省略した形です。

No. 8　解答　1　🔊 55

★：Mrs. Hill, your daughter has a fever.

☆：Oh, is she leaving school early?

★：I think she should.

1 OK, I'll pick her up.

2 She's sick in bed.

3 Of course you can.

★：ヒルさん，お宅の娘さんは熱があります。

☆：まあ，彼女は早退しますか。

★：その方がいいと思います。

1 わかりました，迎えに行きます。

2 彼女は病気で寝ています。

3 もちろん，あなたはできます。

解説　学校の先生と生徒の母親が電話で話している場面です。先生のI think she should. は，母親の「彼女は早退しますか」という質問に対し，「そうする（＝早退する）方がよいと思います」という意味です。OKと言った後，「彼女を迎えに行きます」と続けている**1**が正解です。

No. 9　解答　2

56

★ : Are you ready to order?

☆ : Yes, I'd like pancakes, please.

★ : Would you like something to drink?

1 That's too bad.

2 **Just water, thanks.**

3 I'm glad to hear that.

> ★ : ご注文はお決まりですか。
>
> ☆ : はい，パンケーキをお願いします。
>
> ★ : 何かお飲み物はいかがですか。
>
> **1** それはお気の毒に。
>
> **2** お水だけで結構です。
>
> **3** それを聞いてうれしいです。

解説　飲食店での店員と客の対話です。Would you like 〜?「〜はいかがですか」は相手に物を勧める表現です。飲み物を勧められたのに対し，Just water と答えている**2**が正解です。

No. 10　解答　3

57

☆ : What happened to your leg?

★ : I fell down during P.E. class.

☆ : Does it hurt?

1 No. I couldn't finish it.

2 Yes. It was hot outside.

3 **Yes. I can't move it well.**

> ☆ : 脚，どうしたの？
>
> ★ : 体育の時間に転んだんです。
>
> ☆ : 痛いの？
>
> **1** いいえ。それを終えることができませんでした。
>
> **2** はい。外は暑かったです。
>
> **3** はい。うまく動かせません。

解説　女性 (先生) が脚をけがした男の子に話しかけている場面です。女性の Does it hurt? の it は男の子の脚 (leg) のことで，hurt は「痛む」という意味の動詞です。「脚は痛いの？」という質問に対し，Yes. (＝痛い) と答えた後，「うまく動かせません」と説明を続けている**3**が適切です。**3**の it も男の子の脚のことです。hurt「痛む」という動詞や，What happened to 〜?「〜に何があったか」，fall down「転ぶ」という表現も覚えておきましょう。fell は fall の過去形です。

リスニング第2部 ◀)) 58

No. 11 解答 **2** ◀)) 59

★：Excuse me, how long can I keep books?

☆：For two weeks. You can borrow five books at one time.

★：I see. Do you have sports magazines?

☆：Yes, magazines are behind that shelf.

Question: Where are they talking?

★：すみません，本はどれくらいの期間，借りられますか。

☆：2週間です。1度に5冊借りられます。

★：わかりました。スポーツ雑誌はありますか。

☆：はい，雑誌はあの棚の裏にあります。

質問：彼らはどこで話していますか。

1 パン屋で。　　　　　　　　**2** 図書館で。

3 スポーツ用品店で。　　　　**4** 家具店で。

解説 選択肢には場所を表す語句が並んでいるので，場所を意識しながら対話を聞くとよいでしょう。質問では対話が行われている場所が問われています。最初に男性が本の貸出期間を尋ねていて，books，borrow，magazines などの語句が出てくることから，図書館での対話と判断できます。

No. 12 解答 **4** ◀)) 60

☆：Who's that boy in the red T-shirt?

★：That's Mark, my new classmate. He's from Singapore.

☆：Really? Does he speak English?

★：Yes, he does.

Question: What are they talking about?

☆：赤いTシャツを着たあの男の子はだれ？

★：ぼくの新しいクラスメートのマークだよ。シンガポール出身なんだ。

☆：そうなの？　彼は英語を話すの？

★：うん，話すよ。

質問：彼らは何について話していますか。

1 彼らのシンガポールでの滞在。　　**2** 次の英語の授業。

3 彼らの宿題。　　　　　　　　　**4** 転入生。

解説 対話の主な話題を問う問題です。対話はWho's that boy ...?「あの男の子はだれ？」から始まり，マークという名の男の子についての話が続きます。男の子のセリフにあるmy new classmateをA new student.と言い換えた**4**が正解です。

☆：What are your plans for this Sunday, Steve?

★：I'm going hiking on Mt. Fuji. How about you, Brenda?

☆：I'll stay at home. My cat is very old and not well now.

★：That's too bad.

Question: What is Brenda going to do this Sunday?

> ☆：今度の日曜日の予定はどう，スティーブ？
>
> ★：ぼくは富士山にハイキングに行くよ。きみは，ブレンダ？
>
> ☆：私は家にいるわ。私の猫はとても高齢で，今，具合がよくないの。
>
> ★：それは気の毒に。
>
> **質問：**ブレンダは今度の日曜日に何をする予定ですか。
>
> **1** 医者に診てもらう。　　　　　　　　**2** 猫と一緒に家にいる。
>
> **3** 山に行く。　　　　　　　　　　　　**4** 家で勉強する。

解説 話題は今度の日曜日の予定で，質問は「ブレンダの予定」です。ブレンダは「家にいる」と言った後，その理由として高齢の猫がいることを話しています。よって，**2**が正解です。**3**はスティーブの予定なので注意しましょう。1回目の放送で質問のBrendaをしっかり聞き取る必要があります。

★：Yesterday's party was fun. Why didn't you come?

☆：It was my aunt's birthday.

★：Did you celebrate at her house?

☆：Yes. We had a big dinner and I played the guitar for her.

Question: Why didn't the girl go to the party?

> ★：昨日のパーティーは楽しかったよ。どうして来なかったの？
>
> ☆：おばの誕生日だったの。
>
> ★：彼女の家でお祝いをしたの？
>
> ☆：そう。みんなで豪勢な夕食を食べて，私は彼女のためにギターを弾いたのよ。
>
> **質問：**なぜ女の子はパーティーに行かなかったのですか。
>
> **1** 彼女はパーティーが好きではない。
>
> **2** 彼女はギターのレッスンがあった。
>
> **3** 彼女は家族のために夕食を作らなければならなかった。
>
> **4** 彼女はおばの誕生日を祝った。

解説 男の子になぜ昨日のパーティーに来なかったのかを尋ねられた女の子は，「おばの誕生日だった（から）」と答えています。また，その後のやりとりから，おばの家でお祝いをしたことがわかります。これを「おばの誕生日を祝った」と表した**4**が正解です。この対話にあるWhy didn't ～?「なぜ～しなかったのか」の他，Why couldn't ～?「なぜ～できなかったのか」などの否定疑問文も聞き取れるようにしておきましょう。

No. 15 解答 **4** ◀))) 63

☆：What's wrong? Where is your lunch?

★：I don't have any lunch today. I forgot to bring it.

☆：You'll be hungry. You can have one of my sandwiches.

★：Thank you, Alice.

Question: What is the boy's problem?

☆：どうしたの？　あなたの昼食はどこ？

★：今日は昼食が何もないんだ。持ってくるのを忘れちゃったんだ。

☆：おなかがすくわよ。私のサンドイッチを1つあげるわ。

★：ありがとう，アリス。

質問：男の子の問題は何ですか。

1 彼は食べすぎた。 　　　　**2** 彼は朝食を食べなかった。

3 彼はバッグをなくした。 　　**4** 彼は昼食を忘れた。

解説 質問はWhat is 〜's problem?の形で，男の子の問題が問われています。話題は「昼食」で，男の子はI don't have any lunch today. I forgot to bring it.と言っています。このitはlunchのことなので，**4**が正解です。

No. 16 解答 **3** ◀))) 64

☆：Mission Bay Hospital. How can I help you?

★：Hello. Is Dr. Nelson coming this Friday?

☆：He only comes twice a week, on Tuesdays and Thursdays.

★：All right. I'll come next Tuesday then.

Question: When will the man go to the hospital?

☆：ミッションベイ病院です。ご用件をどうぞ。

★：もしもし。ネルソン先生は今週の金曜日にいらっしゃいますか。

☆：先生は毎週火曜日と木曜日の週2回しかいらっしゃいません。

★：わかりました。では，来週の火曜日に伺います。

質問：男性はいつ病院に行きますか。

1 今週の水曜日。 　　　　**2** 今週の金曜日。

3 来週の火曜日。 　　　　**4** 来週の木曜日。

解説 電話で問い合わせをしている場面です。選択肢には曜日が並んでいて，男性が医師の予定について病院に尋ねています。曜日がいくつか読まれるので，男性が病院へ行く日が最終的にいつになったかに焦点を絞って聞きましょう。最後のセリフI'll come next Tuesdayから，**3**が正解です。

No. 17 解答 **2** ◀)) 65

★：What do you usually do on weekends?

☆：I like taking care of my flowers in my garden.

★：Do you grow vegetables like tomatoes or lettuce, too?

☆：No, but I want to try someday.

Question: What does the woman like doing on weekends?

★：週末はたいてい何をしているの？

☆：私は庭で花の世話をするのが好きなの。

★：トマトやレタスなどの野菜も育てているの？

☆：いいえ，でもいつかやってみたいわ。

質問：女性は週末，何をするのが好きですか。

1 買い物。 　　　　　　　　**2** ガーデニング。

3 料理。 　　　　　　　　　**4** ウォーキング。

解説 男性の「週末はたいてい何をしているの？」という質問に対し，女性はI like taking care of my flowers in my garden.と答えています。このtaking care of my flowers をgardening「ガーデニング」と表現している，**2**が正解です。gardeningという語は対話中に出てきませんが，対話中の語句や内容から判断して答えましょう。

No. 18 解答 **4** ◀)) 66

★：We got a puppy from my uncle.

☆：Lucky you! Do you walk the dog, Sam?

★：My brother walks him every morning, and I do that every evening.

☆：I want a dog, too, but my mother says no.

Question: Who walks Sam's dog every morning?

★：おじから子犬をもらったんだ。

☆：いいわね！　あなたが犬の散歩をするの，サム？

★：兄［弟］が毎朝犬の散歩をして，晩はぼくがするんだよ。

☆：私も犬が欲しいけど，母がだめって言うのよ。

質問：だれが毎朝サムの犬の散歩をしますか。

1 サム。 　　　　　　　　**2** サムのおじ。

3 サムの母親。 　　　　　**4** サムの兄［弟］。

解説 話題はサムが飼い始めた子犬です。対話中にいろいろな人物が出てきますが，質問は「毎朝犬を散歩させるのはだれか」です。質問のevery morningをしっかりと聞き取りましょう。サムはMy brother walks him every morningと言っているので，**4**が正解です。walkは「〜を散歩させる」という意味です。

177

実力完成模擬テスト

No. 19 解答 **3** 🔊 67

☆：Tony, did you get anything for our son for Christmas?

★：I got him a magazine about robots.

☆：Great! I got him a toy car.

★：Let's get him some candy, too.

Question: What did the woman get for her son?

☆：トニー，クリスマス用に私たちの息子のために何か買った？

★：ロボットの雑誌を買ったよ。

☆：いいわね！　私は彼におもちゃの車を買ったわ。

★：キャンディーも買ってあげよう。

質問：女性は息子に何を買いましたか。

1 雑誌。　　　　　　　　　　　　**2** ロボット。

3 おもちゃの車。　　　　　　　　**4** キャンディー。

解説 男女（夫婦）が息子へのクリスマスプレゼントについて話しています。質問のwomanをしっかり聞き取って，2回目の放送では女性（妻）の発言に集中しましょう。I got him a toy car.と言っているので，**3**が正解です。**1**は男性（夫）が買ったもので，**4**は夫がこれから買おうと提案しているものです。candyは通常，あめだけでなくチョコレートやマシュマロなどの砂糖菓子全般のことです。

No. 20 解答 **4** 🔊 68

★：Mom, they're talking about yesterday's soccer game on TV.

☆：I'm washing the dishes. Can you turn it up?

★：How about this?

☆：That's better.

Question: What does the boy's mother ask him to do?

★：お母さん，テレビで昨日のサッカーの試合のことを話しているよ。

☆：お皿を洗っているの。音量を上げてもらえる？

★：これでどう？

☆：よくなったわ。

質問：男の子の母親は彼に何をするように頼んでいますか。

1 サッカーを一生懸命練習する。　　**2** 試合について話す。

3 皿を洗う。　　　　　　　　　　**4** テレビの音量を上げる。

解説 質問では〈ask＋人＋to do〉「（人）に～するように頼む」の形が使われています。このタイプの質問は，よく対話中の依頼表現がポイントになります。ここでは母親のCan you turn it up?がポイントで，itはテレビのことなので，**4**が正解です。turn ～ up [turn up ～]は「～の音量を上げる」という意味です。I'm washing the dishes.と言っているのは，お皿を洗っているからテレビの音がよく聞こえないという状況を表しています。

No. 21 解答 3 🔊 70

Linda is going to Australia next month.　She will stay with her uncle living there.　Linda wants to see koalas, so her uncle is planning to take her to the zoo.　Linda is excited.

Question: Why is Linda excited?

> リンダは来月オーストラリアに行くことになっています。そこに住んでいるおじのところに滞在します。リンダはコアラを見たがっているので，おじは彼女を動物園に連れて行く予定です。リンダはわくわくしています。
>
> **質問：**なぜリンダはわくわくしているのですか。
>
> **1** 新しい動物園がオープンする。　　　　**2** 彼女は昔の友達に会う。
> **3** 彼女はコアラを見る予定だ。　　　　　**4** 彼女のおじが彼女を訪ねて来る。

解説 質問の「リンダがわくわくしている」という状況は，最後の文のLinda is excited.で述べられています。その理由は直前の文でLinda wants to see koalas, so her uncle is planning to take her to the zoo.と述べられているので，**3**が正解です。英文中のis planning to *do*と**3**のis going to *do*はどちらも予定を表す表現です。

No. 22 解答 2 🔊 71

I take a violin lesson every Sunday morning.　The lesson is from nine to ten.　Last Sunday, I woke up at eight thirty and had to run to the music school.

Question: What time does the girl's violin lesson start?

> 私は毎週日曜日の午前にバイオリンのレッスンを受けています。レッスンは9時から10時までです。この前の日曜日，私は8時30分に目が覚めて，音楽教室まで走って行かなければなりませんでした。
>
> **質問：**女の子のバイオリンのレッスンは何時に始まりますか。
>
> **1** 8時30分に。　　　　　　　　　　　**2** 9時に。
> **3** 9時30分に。　　　　　　　　　　　**4** 10時に。

解説 What time ～?「何時～？」→選択肢「時刻」の問題です。英文中に時刻を表す語句が複数出てくるので，その中から「レッスンが始まる時刻」を聞き取ります。The lesson is <u>from nine</u> to ten.から，**2**が正解です。startという語は英文中に出てこないので，from *A* to *B*「AからBまで」を正しく理解できるかがポイントです。

No. 23 解答 **2** 🔊 72

I was going to play in the basketball game last Saturday. But last Friday, I fell off my bicycle and broke my arm. My doctor said I wouldn't be able to play basketball for a month.

Question: Why couldn't the boy play basketball last Saturday?

> ぼくは先週の土曜日にバスケットボールの試合でプレーする予定でした。しかし先週の金曜日，ぼくは自転車から落ちて腕を骨折しました。ぼくは1か月間バスケットボールができないだろうと医者は言いました。
>
> 質問：男の子はなぜ先週の土曜日にバスケットボールをすることができなかったのですか。
> **1** 彼は忙しすぎた。 **2** 彼は腕をけがした。
> **3** 彼の自転車が盗まれた。 **4** 彼の母親が病気だった。

解説 Why couldn't ～?「なぜ～できなかったのか」の形の質問です。1文目で男の子が先週の土曜日にバスケットボールの試合に出る予定だったことが，そして2文目でその前日の金曜日に腕を骨折したことが述べられています。「先週の土曜日にプレーできなかった」とはっきり言ってはいませんが，2文目の内容，および3文目の「1か月間バスケットボールができないだろうと医者は言った」から，骨折のためにプレーできなかったことがわかります。英文中のbroke my armをinjured his armと言い換えた**2**が正解です。injureは「～を傷つける」という意味です。

No. 24 解答 **3** 🔊 73

Jack usually walks to school. This morning, it was raining heavily. His mother was driving to the library next to his school, so she gave him a ride to school.

Question: How did Jack go to school today?

> ジャックはふだん，歩いて学校に行きます。今朝，雨が激しく降っていました。彼の母親は彼の学校の隣にある図書館に車で行くところだったので，母親は彼を学校まで乗せて行ってあげました。
>
> 質問：今日，ジャックはどうやって学校に行きましたか。
> **1** バスで。 **2** 自転車で。
> **3** 車で。 **4** 徒歩で。

解説 How ～?「どうやって～？」→選択肢「移動手段」の問題です。「ふだんは～だが，今朝は…」という展開になっています。質問では「今日」について問われているので，This morning, ...以下に手がかりがあります。she gave him a ride to schoolの〈give + A + a ride〉は「Aを車に乗せる」という意味なので，**3**が正解です。3文目のdrive to ～は「車で～に行く」という意味です。いずれもcarという語を含んでいませんが，車での移動であることを理解しましょう。**4**の「徒歩で」はふだんの通学手段です。

No. 25 解答 1 🔊 74

My older brother is a jazz pianist. Five years ago, he moved to Boston and studied jazz at a music university. He finished university last year and now performs in Boston. I'm going to visit him this summer.

Question: What is the boy going to do this summer?

> ぼくの兄はジャズピアニストです。5年前，彼はボストンに移り，音楽大学でジャズを勉強しました。彼は昨年大学を卒業し，今はボストンで演奏しています。この夏，ぼくは彼のところに行く予定です。
> 質問：男の子はこの夏に何をする予定ですか。
>
> **1** ボストンに行く。　　　　　　　　　**2** ジャズ音楽を学ぶ。
> **3** コンサートで演奏する。　　　　　　**4** 学校を卒業する。

解説 質問は男の子のこの夏の予定です。最後のI'm going to visit him this summer.のhimは「兄」のことで，兄は，その前の文のHe ... now performs in Boston.から，今ボストンにいることがわかります。よって，**1**が正解です。第3部ではこのように，過去➡現在➡未来の順に話が展開するパターンも典型的です。なお，英文中のfinish universityと選択肢**4**のFinish his school.は「大学〔学校〕を終える」，つまり「大学〔学校〕を卒業する」ということで，finishはgraduate from ～「～を卒業する」と同じ意味で使われています。

No. 26 解答 3 🔊 75

Emily had a busy week. On Monday, she went to buy a tennis racket. From Tuesday to Thursday, she traveled to an island. On Friday, she bought a warm blanket for her grandmother.

Question: What did Emily buy on Friday?

> エミリーは忙しい1週間を過ごしました。月曜日，彼女はテニスラケットを買いに行きました。火曜日から木曜日は島へ旅行しました。金曜日は祖母のために暖かい毛布を買いました。
> 質問：エミリーは金曜日に何を買いましたか。
>
> **1** ラケット。　　　　　　　　　　　　**2** 旅行用かばん。
> **3** 毛布。　　　　　　　　　　　　　　**4** 暖かいコート。

解説 金曜日に買ったものについては，On Friday, she bought a warm blanket for her grandmother.と述べられているので，**3**が正解です。1回目の放送：エミリーの曜日ごとの行動に関する話だと理解する➡質問：Fridayを聞き取る➡2回目の放送：Fridayの行動に集中して聞く，という要領で解きましょう。

解答・解説

No. 27 解答 3 🔊 76

I usually have a piano lesson on Tuesdays. But last Tuesday, the teacher had her own concert, so there was no lesson. My friend came to my house and we made cookies together.

Question: What did the girl do last Tuesday?

私はふだん，毎週火曜日にピアノのレッスンがあります。しかし，先週の火曜日，先生はご自身のコンサートがあったので，レッスンはありませんでした。友達が家に来て，私たちは一緒にクッキーを作りました。

質問：女の子は先週の火曜日，何をしましたか。

1 彼女はピアノのレッスンを受けた。　　**2** 彼女はコンサートでピアノを弾いた。

3 彼女は友達とクッキーを作った。　　**4** 彼女は料理学校に行った。

解説 過去の行動を問う問題です。質問で last Tuesday を聞き取って，2回目の放送では But last Tuesday, の後をしっかりと聞きましょう。「ピアノのレッスンがなかったから友達が家に来た」という話の展開になっています。「友達が家に来て，私たちは一緒にクッキーを作った」を，「友達とクッキーを作った」と短く表した**3**が正解です。

No. 28 解答 1 🔊 77

Amy and Nick live in America and want to go to Japan in the future. They take a Japanese lesson every Saturday. Nick can learn Japanese words quickly, but Amy cannot. She has to work harder.

Question: What do Amy and Nick want to do?

エイミーとニックはアメリカに住んでいて，将来，日本に行きたいと思っています。彼らは毎週土曜日に日本語の授業を受けています。ニックは日本語の単語をすぐに覚えられますが，エイミーは覚えられません。彼女はもっと努力しなければなりません。

質問：エイミーとニックは何をしたいと思っていますか。

1 日本に行く。　　**2** 世界中を旅する。

3 アメリカで働く。　　**4** 語学学校を開く。

解説 このように話の中心となる人物が2人の場合や家族全体などの場合もあります。質問は「エイミーとニックがしたいこと」で，Amy and Nick ... want to go to Japan から**1**が正解です。

No. 29 (解答) 1

Now everyone, this bus will arrive at Henry Park soon. First, we'll drive up to the hill and have lunch there. After that, we'll walk down from the hill to the rose garden. Enjoy your time.

Question: What will the people do on the hill?

さて皆さま，このバスはまもなくヘンリー公園に到着します。まず，私たちはバスで丘を上り，そこで昼食を取ります。その後，丘から歩いて下りてバラ園へ向かいます。お楽しみください。

質問：人々は丘の上で何をしますか。

1 昼食を食べる。　　　　　　　　**2** 庭園を見る。

3 バスに乗る。　　　　　　　　　**4** 花を植える。

(解説) Now everyone, this bus will .... という出だしから，バスの中で乗客に向かって話している場面が想像できます。話し手は，First, ... After that, ... と言ってこれからの予定を順に説明しています。「何をするか」という行動を問う問題で，質問の on the hill「丘の上で」をしっかり聞き取りましょう。we'll drive up to the hill and have lunch there と言っており，この drive up to ～は「車で～まで上る」という意味で，there は「丘の上」のことです。よって，丘の上ですることは，**1**の「昼食を食べる」です。

No. 30 (解答) 4

Cathy and Sofia are good friends. Cathy thought Sofia was a nice girl when she first met her in the band at high school. They both loved music and started going to concerts together.

Question: Where did Cathy and Sofia meet for the first time?

キャシーとソフィアは仲よしです。キャシーは高校のバンドで初めてソフィアに会ったとき，彼女はいい子だと思いました。彼女らは2人とも音楽が大好きで，一緒にコンサートに行き始めました。

質問：キャシーとソフィアはどこで初めて会いましたか。

1 コンサートで。　　　　　　　　**2** レストランで。

3 楽器店で。　　　　　　　　　　**4** 学校のバンドで。

(解説) Where ～?「どこで～？」→選択肢「場所」の問題です。最初の文から，キャシーとソフィアは友達同士だとわかります。質問は2人が初めて会った場所で，when she first met her in the band at high school「彼女（＝キャシー）が高校のバンドで初めて彼女（＝ソフィア）に会ったとき」の部分から，**4**が正解です。英文中に出てくるmusicやconcertを含む他の選択肢に惑わされないように注意しましょう。

面接試験を攻略！

面接試験のポイントを押さえよう！

二次試験（面接）を受ける前に，全体の流れと問題形式を確認することが大事です。だれかに面接委員の役になってもらって本番の流れをつかみましょう。

面接はこんな試験！

① **入室とあいさつ**
係員の指示に従い，面接室に入ります。あいさつをしてから，面接委員に面接カードを手渡し，指示に従って着席しましょう。

② **氏名と受験級の確認**
面接委員があなたの氏名と受験する級の確認をします。その後，簡単なあいさつをしてから試験開始です。

③ **問題カードの黙読**
英文とイラストが印刷された問題カードを手渡されます。まず，英文を20秒間黙読するよう指示されます。英文の分量は30語程度です。

④ **問題カードの音読**
問題カードの音読をするように指示されるので，英語のタイトルから読みましょう。時間制限はないので，意味のまとまりごとにポーズをとり，焦らずにゆっくりと読みましょう。

⑤ **5つの質問**
音読の後，面接委員の5つの質問に答えます。**No. 1 ～ No. 3**は問題カードの英文とイラストについての質問です。**No. 4・No. 5**は受験者自身についての質問です。No. 3の質問の後，カードを裏返すように指示されるので，**No. 4・No. 5**は面接委員を見ながら話しましょう。

⑥ **カード返却と退室**
試験が終了したら，問題カードを面接委員に返却し，あいさつをして退室しましょう。

英検S-CBTについて
英検S-CBTはコンピューターを使って受験する実施方式です。面接試験も，対面式ではなく，パソコンとマイクを使用した録音式になります。入室・退室のあいさつや，氏名と受験級の確認はなくなりますが，出題される問題の形式と進行は共通です。

ポイント0　パッセージ黙読時に注意すること

　カード上部にあるパッセージ（英文）について，20秒間の黙読（声に出さずに読む）の時間が与えられます。20秒間で2回読むことをオススメします。

> 1回目 タイトルでテーマを確認した後，発音を気にせずに素早く一気に読み，「内容の理解」に集中します。
> 2回目 内容を気にせずに，「1語ずつ頭の中で発音」していきましょう。

　黙読のとき，2文目または3文目が 〜, so ...「〜だから，…」の形になっていれば，その文を特にしっかり読んでおきましょう。**No. 1**で出題されることが多いからです。

ポイント1　パッセージ音読時に注意すること

　音読では，1語1語の発音・アクセントとあわせて，イントネーションも評価されます。速く読めばよいというものではありません。黙読のときにつかんだ大まかな内容を頼りに，大事だと思う部分を強く読んでみましょう。

　次の文を音読してみましょう。大事だと思う語を考えて，その語を強く読んでみてください。
Pizza is eaten in countries around the world.
「ピザは世界中の国々で食べられています」
※この文の場合，意味の上で大事な語は，Pizza, eaten, countries, worldです。名詞と動詞と形容詞をはっきりと読むことを意識するとよいです。

ポイント2　No. 1は疑問詞を聞き逃さないようにしよう

　No. 1は，「パッセージを見てください」という指示の後の質問に耳を傾けます。Whyで始まる質問が多いですが，WhatやWhenで始まる質問もあります。質問の語句と同じ語句を含む文を素早くパッセージ中から探しましょう。正解はその文の中に含まれています。

　Whyの質問のとき，パッセージ中のso「だから」を含む文に解答の手がかりがあります。

パッセージの例：Pizza is easy to eat, so it is popular for parties.
　　　　　　　　「ピザは食べやすいので，パーティーで人気です」
質問例：Why is pizza popular for parties?「なぜピザはパーティーで人気なのですか」
解答例：Because it is easy to eat.「食べやすいからです」
※答えはso「だから」の前のPizza is easy to eatにあります。Whyに対してはBecauseで答える練習をしておくとよいでしょう。パッセージの主語はPizzaですが，答えるときはitにすることもポイントです。

No. 2は3つの質問パターンを押さえよう

　No. 2はNo. 1の問題と関係がないので，No. 1がうまく答えられなかった場合も気にせず，気持ちを切り替えてNo. 2に集中しましょう。

　No. 2は問題カードのイラストを見て答える問題です。「イラストを見てください」という指示の後の質問に耳を傾けます。主な質問パターンは以下の3つです。

① How many people are wearing a cap?「何人の人が帽子をかぶっていますか」
② How many boxes is the woman carrying?「女性は箱を何個運んでいますか」
③ Where is the clock?「時計はどこにありますか」

解答例：
① Two people are wearing a cap.「2人の人が帽子をかぶっています」
② She's carrying two boxes.「彼女は箱を2個運んでいます」
③ It's on the wall.「それは壁にかかっています」
※How many ～?の質問には「数」をしっかりと伝えます。①と②の問題ではtwoです。
※場所を尋ねるWhere ～?の質問には，前置詞（onやinなど）をはっきり伝えます。時計やカレンダーなどが「壁にかかっている」場合，on the wallと言います。

No. 3は2つの質問パターンを押さえよう

　No. 3も問題カードのイラストに関する問題です。イラストに描かれた人物の行動が問われます。「（人物）を見てください」という指示の後，その人物の動作・行動について質問されます。

　主な質問パターンは以下の2つです。イラストの人物に吹き出しがある場合，②のパターンになります。

① What is he doing?「彼は何をしていますか」
② What is she going to do?「彼女は何をしようとしていますか」

186

解答例：

① He's washing the dishes.「彼は皿を洗っています」
② She's going to close the door.「彼女はドアを閉めようとしています」

※質問が「今していること」（is ~ doing）なら is doing で答え，「これからしようとしていること」（is ~ going to do）なら is going to do で答えます。人物の動作・行動を聞かれているので，wash や close などの動詞をはっきり伝えましょう。

ポイント5　No. 4・No. 5は自分のことを1文で話そう

　No. 3の後，カードを裏返す指示があります。**No. 4**と**No. 5**は下を見ずに，面接委員と目を合わせて答えましょう。**No. 4**と**No. 5**はあなた自身の日常生活について質問されます。答えは1文で構いません。

　No. 4は，Whatなどの疑問詞で始まる質問です。例えば，What are you going to ~? と聞かれたら，I'm going to ~ で答えます。
質問例：What are you going to do tonight?「今夜，何をする予定ですか」
解答例：I'm going to watch TV.「テレビを見る予定です」
※Watch TV. などではなく，主語と動詞のある文で答えましょう。

　No. 5は，Do you ~?, Have you ever been ~?, Would you like to ~? など，Yes / No で答える質問です。まず，Yes. または No. と答えましょう。その後，「詳しく話してください」と言われたり，もう1つ別の質問をされたりするので，面接委員と目を合わせて引き続きよく聞きましょう。Yes. → Why? や No. → Why not? のように「理由」を聞かれることもあります。
質問例：Have you ever been abroad?「海外へ行ったことはありますか」
解答例：あなた➡Yes.「はい」
　　　　　面接委員➡Please tell me more.「詳しく話してください」
　　　　　あなた➡I went to Hawaii three years ago.「3年前にハワイに行きました」

次からは練習問題　　187

Dogs

Dogs are loved by many people around the world. Dogs are cute and clever, so they are popular as pets. Some dogs are very helpful, and they are trained to work with people.

▌ Questions

No. 1 Please look at the passage. Why are dogs popular as pets?

No. 2 Please look at the picture. How many people are sitting on the bench?

No. 3 Please look at the woman wearing a cap. What is she going to do?

Now, Mr. / Ms. —, please turn the card over.

No. 4 What time are you going to go to bed tonight?

No. 5 Do you often borrow books from the library?
　　　　Yes. → Please tell me more.
　　　　No. → What do you like to do when you are free?

🔊))) 80〜83

犬

犬は世界中の多くの人に愛されています。犬はかわいくて賢いので，ペットとして人気があります。とても役に立つ犬もいて，人間と一緒に働くために訓練されています。

No. 1 パッセージを見てください。なぜ犬はペットとして人気があるのですか。
No. 2 イラストを見てください。何人の人がベンチに座っていますか。
No. 3 帽子をかぶっている女性を見てください。彼女は何をしようとしていますか。
では，〜さん（受験者の名前），カードを裏返してください。
No. 4 あなたは今夜，何時に寝るつもりですか。
No. 5 あなたはよく図書館から本を借りますか。
　　　Yes.（はい）→ 詳しく話してください。
　　　No.（いいえ）→ 暇なときは何をするのが好きですか。

（音読のアドバイス）下の□で囲んだ語は意味の上で大事な語です。他の語よりも強く読んでみましょう。

⬚Dogs⬚ are ⬚loved⬚ by many ⬚people⬚ around the ⬚world⬚. ⬚Dogs⬚ are ⬚cute⬚ and ⬚clever⬚, so they are ⬚popular⬚ as ⬚pets⬚. Some ⬚dogs⬚ are very ⬚helpful⬚, and they are ⬚trained⬚ to ⬚work⬚ with ⬚people⬚.

このように□で表すと，強・弱がだいたい交互にあることがわかりますね。それを意識して読むと，文章に抑揚が生まれ，英語らしい発音になります。音声を利用して，まねをしましょう。パッセージ全体がスラスラ読めるまで音読しましょう。

No. 1

（解答例）

Because they are cute and clever.

それらはかわいくて賢いからです。

（解説）質問はWhy 〜?なので，パッセージ中のsoを含む2文目に正解が含まれています。質問のpopular as petsと同じ語句がso以下にあり，犬がペットとして人気である理由は，その前のDogs are cute and clever「犬はかわいくて賢い」からです。答えるときは質問の主語dogsをtheyに置き換えて，Because they are cute and clever. とします。Whyの質問にはBecauseで答える練習をしておきましょう。

No. 2

（解答例）

Two people are sitting on the bench.

2人の人がベンチに座っています。

（解説）How many people are 〜?の形でベンチに座っている人数を尋ねています。ベンチに座っているのは2人なので，Two people are sitting on the bench. と答えます。数字のTwoをしっかりと発音しましょう。Two. やTwo people.だけでなく，are sitting on the benchまで答えるようにしましょう。

No. 3

解答例

She's [She is] going to drink water.

かのじょ
彼女は水を飲もうとしています。

解説 イラストには女性が 2 人います。問われているのは the woman wearing a cap についてなので，帽子をかぶっている方の女性を見ましょう。質問の be going to *do* は「〜しようとしている」という意味で，女性がこれからすることは吹き出しの中に描かれています。女性は水飲み場で水を飲む自分を想像しているので，She's going to drink (some) water. と答えます。「水飲み場」は言わなくても構いません。女性の行動を問われているので，drink water をはっきりと伝えます。

No. 4

解答例

I'm going to go to bed at ten.

わたし
私は10時に寝るつもりです。

解説 今夜の就寝時刻を尋ねられています。質問は are you going to 〜 の形なので，解答でも be going to 〜 を使って，〈I'm going to go to bed ＋時刻.〉の形で答えましょう。What time と時刻が問われているので，ten や eleven など，時刻の数字をはっきりと伝えます。at を使う代わりに，by ten「10時までに」や around ten「10時頃に」などでもよいです。

No. 5

解答例 （Yes. と答えた場合）

I often borrow books about science.

わたし
私はよく科学に関する本を借ります。

解答例 （No. と答えた場合）

I like to play video games.

わたし
私はテレビゲームをするのが好きです。

解説 よく図書館で本を借りる場合は Yes. または Yes, I do. と，（あまり）借りない場合は No. または No, I don't. と答えます。Yes. の場合の Please tell me more. に対しては，どんな本を借りるのかや，本を借りる頻度や冊数などを話すとよいでしょう。No. の場合，このように別の質問が出されることがよくあります。What do you like to do 〜? と聞かれたら I like to 〜.「〜するのが好きです」，What would you like to do 〜?「〜何をしたいですか」と聞かれたら I'd like to 〜.「〜したいです」という表現で答えるとよいでしょう。Yes / No どちらの場合も，その後の質問に対する答えは 1 文で構いません。主語と動詞のある文で答えるようにしましょう。

旺文社の英検®書

3級 実力完成模擬テスト 解答用紙

【注意事項】

① 解答にはHBの黒鉛筆（シャープペンシルも可）を使用し、解答を訂正する場合には消しゴムで完全に消してください。

② 解答用紙は絶対に汚したり折り曲げたり、所定以外のところへの記入はしないでください。

③ マーク例

	良い例	悪い例
	●	◑ ✗ ◐

 これ以下の濃さのマークは読めません。

筆記解答欄

問題番号		1	2	3	4
1	(1)	①	②	③	④
	(2)	①	②	③	④
	(3)	①	②	③	④
	(4)	①	②	③	④
	(5)	①	②	③	④
	(6)	①	②	③	④
	(7)	①	②	③	④
	(8)	①	②	③	④
	(9)	①	②	③	④
	(10)	①	②	③	④
	(11)	①	②	③	④
	(12)	①	②	③	④
	(13)	①	②	③	④
	(14)	①	②	③	④
	(15)	①	②	③	④

筆記解答欄

問題番号		1	2	3	4
2	(16)	①	②	③	④
	(17)	①	②	③	④
	(18)	①	②	③	④
	(19)	①	②	③	④
	(20)	①	②	③	④
3	(21)	①	②	③	④
	(22)	①	②	③	④
	(23)	①	②	③	④
	(24)	①	②	③	④
	(25)	①	②	③	④
	(26)	①	②	③	④
	(27)	①	②	③	④
	(28)	①	②	③	④
	(29)	①	②	③	④
	(30)	①	②	③	④

※筆記4・筆記5の解答欄は2枚目にあります。

リスニング解答欄

問題番号		1	2	3	4
第1部	No. 1	①	②	③	
	No. 2	①	②	③	
	No. 3	①	②	③	
	No. 4	①	②	③	
	No. 5	①	②	③	
	No. 6	①	②	③	
	No. 7	①	②	③	
	No. 8	①	②	③	
	No. 9	①	②	③	
	No. 10	①	②	③	
第2部	No. 11	①	②	③	④
	No. 12	①	②	③	④
	No. 13	①	②	③	④
	No. 14	①	②	③	④
	No. 15	①	②	③	④
	No. 16	①	②	③	④
	No. 17	①	②	③	④
	No. 18	①	②	③	④
	No. 19	①	②	③	④
	No. 20	①	②	③	④
第3部	No. 21	①	②	③	④
	No. 22	①	②	③	④
	No. 23	①	②	③	④
	No. 24	①	②	③	④
	No. 25	①	②	③	④
	No. 26	①	②	③	④
	No. 27	①	②	③	④
	No. 28	①	②	③	④
	No. 29	①	②	③	④
	No. 30	①	②	③	④

※実際の解答用紙に似せていますが、デザイン・サイズは異なります。

キリトリ線